Die **LIEBE** *zur* **WEISHEIT**

Erstmals werden die wesentlichen philosophischen Lehren mit ihren Auswirkungen für das heutige Management kompakt und übersichtlich zusammengestellt. Andreas Drosdek stellt das Leben und Werk wichtiger Philosophen dar und erläutert ihre Lehren für Führungskräfte. Damit ist dieses Buch ein einzigartiges Übersichtswerk dazu, was uns wichtige Denker für den heutigen Wirtschaftsalltag zu sagen haben.

Dr. Andreas Drosdek ist Experte zum Thema »Philosophien für Führungskräfte« und hat einige einschlägige Bücher veröffentlicht. Er ist freier Journalist und Unternehmensberater. Drosdek lebt in den USA. In seinen Managementbüchern beschäftigt er sich vor allem mit den Lehren wichtiger Denker für den Führungsalltag. Sein letztes Buch *Hagakure für Führungskräfte* wurde ein Bestseller.

ANDREAS DROSDEK

Die LIEBE *zur* WEISHEIT

Kleine PHILOSOPHENSCHULE
für MANAGER

Campus Verlag
Frankfurt/New York

Bibliografische Information Der Deutschen Bibliothek

Die Deutsche Bibliothek verzeichnet diese Publikation in
der Deutschen Nationalbibliografie. Detaillierte bibliografische Daten sind
im Internet über http://dnb.ddb.de abrufbar.
ISBN 3-593-36897-8

Copyright © 2003 Campus Verlag GmbH, Frankfurt/Main
Umschlaggestaltung: RGB, Hamburg
Umschlagmotiv: Photonica, Hamburg
Satz: Fotosatz L. Huhn, Maintal-Bischofsheim
Druck und Bindung: Wiener Verlag GmbH, Himberg
Gedruckt auf säurefreiem und chlorfrei gebleichtem Papier.
Printed in Austria

Besuchen Sie uns im Internet: **www.campus.de**

INHALT

EINLEITUNG
Die MACHT der GEDANKEN

»Unsere Gedanken sind unser Schicksal.« Die wettbewerbsintensive, globale Wirtschaftswelt des beginnenden 21. Jahrhunderts trägt diesen berühmten Worten Arthur Schopenhauers Rechnung: Erfolg und Misserfolg in unserer Zeit sind vielleicht mehr denn je eine Frage der Konzepte, Ideen und Denkstrategien. Unser Denken bestimmt unser Handeln – egal, ob es sich um Wirtschaftsräume, Nationen, Unternehmen oder Individuen handelt. Aber auch die Fehlertoleranz wird in allen Bereichen enger. Die richtigen Ideen, Konzepte und Strategien zur passenden Zeit umgesetzt, sind zunehmend die Währung, in der die Erfolgsbilanz gemessen wird.

Dort, wo Produkte und Dienstleistungen sich immer ähnlicher werden, und selbst sich die konservativeren Unternehmen bewusst um die neuesten Managementtrends bemühen, reicht die Kompetenz hinsichtlich bestehender Systeme und Verfahrenstechniken nicht mehr aus. Heutzutage ist einerseits aussagekräftiges, stets aktuelles Wissen um die externen und internen Realitäten unserer Organisationen vonnöten, und andererseits sind kreative und strategische Denker und Führungskräfte gefragt, die in der Lage sind, dieses Wissen in richtige Entscheidungen und Aktionen umzusetzen.

Im Bereich des Wissensmanagements entwickelt sich mittlerweile eine globale Kompetenz, die – von führenden IT-Unternehmen umgesetzt – sehr bald dazu führen wird, dass alle Unternehmen in ähnlicher Weise Wissen systematisch sammeln und mithilfe standardisierter, intelligenter Softwareprogramme auf vergleichbare Weise auswerten werden. Da die meisten Programme zum Wissensmanagement und zur Entscheidungsfindung allen Marktteilnehmern zur Verfügung stehen werden, wird es in dieser Hinsicht kaum mehr Wettbewerbsvorteile geben.

Die Trennlinie zwischen den erfolgreichen und den weniger erfolgreichen Organisationen und Unternehmen wird stattdessen immer mehr durch die Qualität des Managements und der Mitarbeiter bestimmt. Unternehmenslenker und Manager aller Organisationsebenen und in allen Unternehmensbereichen, die durch geniale Strategien und effektive tägliche Entscheidungen ihre Unternehmen zu immer größeren Höhen des Erfolges führen, sowie informierte Mitarbeiter, die mit ihrer individuellen kreativen Kompetenz im Umgang mit externen und internen Kunden entscheidende Standards setzen, bilden das Rückgrat der heutigen Erfolgsunternehmen.

Entsprechend wichtig sind Manager, die durch ihre mentale Brillanz und geschickte Nutzung der Talente, Ideen und Einsichten ihrer Mitarbeiter, Kollegen, Kunden und Zulieferer den einzigartigen Wettbewerbsvorteil generieren, der schließlich den Erfolgsfaktor für das Unternehmen bildet.

Egal, ob es sich um Führungs- oder Marketingaufgaben handelt, ob geniales Finanzmanagement oder unorthodoxe Strategien gefragt sind: wir alle wissen, dass es oft die außergewöhnlichen Leistungen ungewöhnlich denkender und handelnder Führungskräfte sind, die am Ende darüber entscheiden, ob ein Unternehmen in die Führungselite der jeweiligen Branche vorstoßen kann. Manchmal kann ein kleines Start-up selbst unbesiegbar geltende Giganten der Wirtschaftswelt in die Enge treiben; manchmal gelingt es aber auch einem alteingesessenen Unternehmen, sich über Jahrzehnte hinweg mit großem Erfolg gegen Konkurrenten jeglicher Marktmacht und Couleur zu behaupten. Und fast immer gibt es hinterher eine Heldengeschichte zu berichten. Denn letztendlich waren es stets außergewöhnliche Führungskräfte, die im richtigen Moment (im Nachhinein als richtig erwiesene) Kurskorrekturen und Strategien zum Tragen brachten. Es ist die Verantwortung des Managements, die kollektiven Bemühungen der Mitarbeiter in erfolgreiche Bahnen zu lenken und ihnen im Unternehmen durch eine entsprechende Unternehmens- und Führungskultur die Rahmenbedingungen für einen fruchtbaren Einsatz ihrer Talente und Fähigkeiten zu ermöglichen.

Und der »geniale Wurf« im Management ist immer noch meist ein Resultat von ungewöhnlichen Überzeugungen und herausragenden Strategien. Trotz aller neuen Managementtechniken und Strategiemethoden trifft diese Wahrheit heute mehr denn je zu. Denn in unserer globalen vernetzten Welt können allein neue Methoden keinen entscheidenden Wettbewerbsvorteil mehr auslösen. Kaum ist ein neuer Ansatz gefunden, wird er auch schon weltweit online verbreitet und damit zum Allgemeingut. Häufig sind es die scheinbar kleinen Dinge in der kreativen Brillanz eines Unternehmens im Vergleich zu seinen Mitbewerbern, die den entscheidenden Unterschied zwischen unternehmerischem Erfolg oder Versagen ausmachen. Diese kleinen Dinge bestehen aus punktuellen Ideen, da diese mittlerweile zum globalen Wissen gehören. Es ist vielmehr der intellektuelle Kontext, die Denkkultur, die ein Unternehmen im Laufe der Zeit für sich gewählt hat, die den so entscheidenden Unterschied ausmacht. Nicht die nächste großartige Idee, sondern die Fähigkeit, große Ideen in einen produktiven Kontext umsetzen zu können, wird zunehmend zum wesentlichen Erfolgsfaktor.

Bisher fand der Wettstreit der Ideen vorwiegend auf dem Feld der Wirtschaft statt. Potenzial und Ausbildung der Mitarbeiter und des Managements waren die entscheidenden Wettbewerbsfaktoren. Wer die meisten Absolventen der besten Business-Schools anwerben konnte, schien automatisch einen entsprechenden Marktvorteil zu genießen. Zunehmend werden aber Best Practices aus den unterschiedlichen Unternehmensbereichen zum Minimalstandard. Denn wer sein Finanzmanagement oder die neuesten Marketingtricks nicht beherrscht, ist im Wirtschaftsleben grundsätzlich nicht konkurrenzfähig. Die erfolgsentscheidenden Unterschiede zwischen konkurrierenden Unternehmen werden dagegen zunehmend in ungewöhnlicheren Bereichen gefunden.

Diese neue Entwicklung bildet die Grundlage für dieses Buch. Wo industriespezifische Managementstandards zur selbstverständlichen Norm geworden sind, müssen neue Wege zum außergewöhnlichen Wirtschaftserfolg gefunden werden. Angesichts dieser Herausforderung sollten wir uns auf die Denker und Ideen besinnen, die im Laufe der Jahrhunderte entscheidend zum Erfolg unserer Hochkulturen beigetragen haben. Die Wirtschaft kann immer nur ein Teilaspekt unseres Lebens sein – wahre Lebensqualität lässt sich nicht auf wirtschaftliche Aspekte reduzieren.

Das Potenzial unseres Lebens ist in hohem Maße von unseren wirtschaftlichen Möglichkeiten abhängig. Entsprechend erlauben uns die großen Philosophen und Denker nicht nur wertvolle Einsichten für die Verbesserung des menschlichen Lebens allgemein, sondern sie bieten gleichzeitig auch wichtige Denk- und Handlungsstrategien für die alltäglichen menschlichen Wirtschaftsaktivitäten.

Die großen Denker der Menschheitsgeschichte haben noch in einem anderen Bereich eine Vorbildfunktion: »The highest form of achievement is always art, never science«, hat der deutsch-amerikanische Marketingwissenschaftler Theodor Levitt einmal zutreffend bemerkt. Wahre Größe, egal in welchem Bereich, war zu allen Zeiten vor allem eine kreative Leistung. Obschon viele die gleiche Methodik beherrschen mögen, so sind es wenige, die in ihrem jeweiligen Feld durch geniale Ideen und zeitlose Konzepte Unsterblichkeit erlangen. Diese großen Denker vermitteln nicht nur wichtige Ideen, sie bieten auch entsprechende Denkstrategien und globale

Geisteshaltungen, die oft den Rahmen und Hintergrund für besondere kreative Leistungen darstellen.

Das Ziel dieses Buches ist es, eine Auseinandersetzung mit den originellen Ideen einflussreicher Denker anzuregen. Auch wenn der eine oder andere sich bereits mit einigen der hier vorgestellten Philosophen beschäftigt hat, wird sich wohl kaum jemand mit allen gleich gut auskennen. Deshalb wurde die Auswahl weit gefächert und eklektisch gehalten. Zum einen soll die Auffrischung wichtiger originärer Gedanken ermöglicht werden, zum anderen sollen aber auch Denker und Denkerinnen vorgestellt werden, die vielleicht nicht jedem bekannt sind, deren Konzepte es jedoch angesichts heutiger kreativer Herausforderungen und umfassenderer Führungsaufgaben lohnen, sie kennen zu lernen.

Die Beiträge zu den einzelnen Personen sind weitgehend nach dem gleichen Muster strukturiert: Interessante Aspekte des Hintergrunds des jeweiligen Philosophen, gefolgt von Kerngedanken und -konzepten. Was dieses Buch von einem Überblick über wichtige Philosophen unterscheidet ist der Abschluss jedes Kapitels. Darin wird der Versuch unternommen, das jeweilige Denken in die Unternehmenspraxis umzusetzen, das heißt, einige Grundzüge in Bezug zu heutigen Führungsaufgaben zu bringen.

In der Regel wurde eine chronologische Reihenfolge eingehalten. Wegen der ungewöhnlichen Bedeutung von Sokrates, Platon und Aristoteles für die westliche Ideengeschichte wurden diese Philosophen jedoch an den Anfang gestellt, gefolgt von Heraklit, der in gewissem Sinne einen wichtigen Gegenpol zu den Ideen dieser drei großen Denker darstelltt.

Um die Lektüre zu erleichtern, wurde auf einen umfangreichen Anmerkungs- und Literaturapparat verzichtet. Ein solcher Anhang wäre dieser locker zu lesenden Einführung sicherlich abträglich. Hier sei in jedem Einzelfall auf die entsprechende Spezialliteratur verwiesen.

Am Ende zählen in der Wirtschaft die Resultate. Das Gleiche

gilt auch für dieses Buch. Die praktische Anwendbarkeit der vorgestellten Ideen, Konzepte und Denkstrategien sollte letztendlich das
Erfolgskriterium sein. Die Worte des irischen Physikers John Des-
mond Bernal »Praxis ohne Theorie ist blind, Theorie ohne Praxis
unfruchtbar« können uns hier eine Richtschnur sein.

SOKRATES
Die KUNST *des* DIALOGS

Sokrates' Einfluss (ca. 470–399 v. Chr.) auf unser westliches Denken ist kaum zu ermessen. Obwohl er angeblich nie eine Zeile niederschrieb, war seine Wirkung auf die beiden wichtigsten Philosophen der europäischen Geistesgeschichte enorm. Als Lehrer und Vorbild von Platon prägte er nicht nur dessen Denken, sondern auch dasjenige von Platons Schüler Aristoteles. Sokrates übermittelte uns die grundlegende Methodik des Philosophierens.

Sokrates wächst in einfachen Verhältnissen in Athen auf. Sein Vater ist Bildhauer und seine Mutter Hebamme. Der Beruf der Mutter liefert Sokrates später die Analogie für seine eigene Methodik des Philosophierens: ein Geburtshelfer, der Menschen dabei unterstützt und hilft, die Wahrheit ans Licht der Welt zu bringen.

Sokrates erhält eine klassische Ausbildung mit Betonung auf Literatur, Musik, Gymnastik, Rhetorik, Geometrie und Astronomie. Er liest die Schriften der anderen griechischen Philosophen und wird auch in der Dialektik der Sophisten geschult. Eine Weile versucht er sich im Militärdienst, wo er sich durch großen Mut auszeichnet. Er findet jedoch schnell zu seiner wahren Berufung, der er bis in den Tod hinein treu bleiben wird. Auf den Marktplätzen von Athen diskutiert er mit den Intellektuellen und Pseudointellektuellen seiner Zeit darüber, was die Wahrheit ist. Eine Zeit lang ist er auch Mitglied der Athener gesetzgebenden Versammlung. Stets weigert er sich aber, Gesetze und Verfahren zu unterstützen, die er für ungerecht hält. So weigert er sich im Jahre 404, der Aufforderung der Dreißig Tyrannen, der damaligen Machthaber Athens, nachzukommen, eines ihrer unschuldigen Opfer zu verhaften. Wahrscheinlich rettet ihn nur die kurz darauf folgende Gegenrevolution vor dem Zorn der Tyrannen.

Erst mit fünfzig Jahren heiratet Sokrates Xanthippe, mit der er drei Kinder hat. Ihr Name gilt als Synonym für eine streitsüchtige Frau, was Sokrates wohl zu der Aussage bewegt:

> »*Heirat auf jeden Fall! Kriegt ihr eine gute Frau, dann werdet ihr glücklich. Ist es eine schlechte, dann werdet ihr Philosophen, und auch das ist für einen Mann von Nutzen.*«

Sokrates weigert sich stets, für seine Lehrtätigkeit ein Honorar anzunehmen. Er will damit die Korruption der Sophisten vermeiden, die gegen entsprechende Bezahlung jedem beibringen, wie man mit rhetorischen Tricks auch unmoralischen Anliegen, vor allem in der Politik und vor Gericht, zum Durchbruch verhelfen kann. Dass Sokrates die meiste Zeit mit Philosophieren und Diskutieren verbringt, hilft nicht gerade den Finanzen der Familie.

Der wahre Test seiner Überzeugungskunst kommt für Sokrates im Jahre 399 v. Chr.: Weil er wegen der weit verbreiteten politischen Korruption die Athener Demokratie in Frage stellt, und dies auch öffentlich lehrt und darauf besteht, in seiner Religion seiner inneren Stimme und seinen philosophischen Einsichten zu folgen, wird er auf das Drängen von politischen Gegnern wegen »Verführung der Jugend« und »Gotteslästerung« angeklagt. Sokrates reagiert in seiner Verteidigungsrede mit Verachtung auf die Vorwürfe und rechtfertigt seine Lehre als moralische Verantwortung. Daraufhin wird er von dem Gericht mit knapper Mehrheit verurteilt und man fordert ihn auf, selbst eine Strafe für sein Vergehen vorzuschlagen. Statt wie üblich eine hohe Geldsumme anzubieten, bietet Sokrates dem Gericht die Stirn: Als öffentlichem Wohltäter stehe es ihm eigentlich zu, freie Mahlzeiten an der öffentlichem Tafel zu erhalten. Allerdings bietet er pro forma eine geringe Geldsumme als Strafe an, mit dem Argument, diese Summe entspräche dem geringen Wert, den Athen einem Philosophen beimessen würde. Empört über Sokrates' Weigerung, seine Überzeugungen zu leugnen, verurteilt ihn das Gericht daraufhin mit großer Mehrheit zum Tode durch das Trinken des Schierlingsbechers.

In der damaligen Zeit hieß ein solches Todesurteil nicht allzu viel. Zum einen hätte Sokrates um Gnade bitten können. Wenn er versprochen hätte, sich in Zukunft mit Aussagen über das politische Establishment und die religiösen Ansichten seiner Zeit zurückzuhalten, wäre ihm diese wohl auch gewährt worden. Zum anderen hätte er jederzeit die Stadt verlassen können, denn man will ihn lediglich zum Schweigen bringen oder loswerden. Da seine Freunde wissen, dass Sokrates niemals seine Überzeugungen verraten oder auch nur verbergen würde, beschwören sie ihn bis zuletzt, die Stadt doch zu verlassen. Für Sokrates aber sind beide Auswege aufgrund seiner festen Überzeugungen inakzeptabel: Zum einen glaubt er fest an die Pflicht des Einzelnen zur Loyalität gegenüber seiner Heimatstadt (was beim Stadtstaat Athen dem Konzept des Vaterlandes gleichkam). Eine Flucht ist daher für ihn undenkbar, denn dann hätte er Athen nicht weiter dienen können. Zum anderen ist Sokrates von der Notwendigkeit überzeugt, der Wahrheit immer treu zu bleiben und für sie einzustehen. Ein Verleugnen der Wahrheit, die mit dem Aufgeben seines öffentlichen Philosophierens einhergeht, kommt für ihn daher nicht in Frage. Also bleibt ihm nur ein Weg: Er akzeptiert das Todesurteil und trinkt den Schierlingsbecher. Umgeben von seinen engsten Freunden philosophiert er mit den Anwesenden noch unbekümmert bis zu seinem Tod.

Sokrates' kompromissloses Festhalten an den eigenen Überzeugungen bis zum bitteren Ende und sein Mut, das zu praktizieren, woran er glaubt, macht ihn wohl endgültig zum großen Vorbild für Platon (und indirekt auch für dessen Schüler Aristoteles) und begründet damit den entscheidenden Einfluss auf die Ursprünge der westlichen Philosophie.

Der geistige Geburtshelfer

Sein berühmter Ausspruch: »Ich weiß, dass ich nichts weiß« bringt Sokrates' Lebenshaltung auf den Punkt. Ein Freund von Sokrates soll vom Orakel von Delphi die Antwort erhalten haben, dass Sokrates der weiseste aller Sterblichen sei. Sokrates selbst will das nicht glauben. Also befragt er alle Männer Athens, die er für weise hält. Am Ende muss er feststellen, dass keiner von ihnen echtes Wissen besitzt, sich aber alle für wissend halten. Da weiß Sokrates, dass er tatsächlich weiser ist, denn er ist sich zumindest seines Nichtwissens bewusst.

Dem Leitspruch des Orakels (»Erkenne dich selbst!«) folgend, sucht Sokrates sein Leben lang nach der Wahrheit. Er selbst schreibt angeblich keine seiner Lehren nieder. Sein Leben und sein Denken haben seinen Schüler Platon aber sehr beeindruckt. Platon schreibt später seine Philosophie in Form von Dialogen nieder, in denen Sokrates mit seinen Zuhörern über eine Vielzahl von Themen diskutiert. Entsprechend schwierig ist es, Sokrates' Lehren von den eigenen Überzeugungen Platons zu unterscheiden, die dieser seinem Lehrer in den Dialogen in den Mund legt.

Ein klares Verdienst des Sokrates ist, dass er die Philosophie sozusagen vom Himmel auf die Erde holte. Während sich die früheren griechischen Philosophen vor allem mit Fragen der Kosmologie und der Metaphysik befassen, interessiert sich Sokrates vor allem für die praktischen Fragen des menschlichen Verhaltens. Er gilt denn auch als der Begründer der autonomen philosophischen

Ethik. Dabei geht Sokrates davon aus, dass alle Menschen grundsätzlich ein rationales Verständnis für Begriffe wie Gerechtigkeit oder Tugend haben. Wer auf diese Weise das Gute anstrebt, wird zum Glück finden. Sokrates ist fest davon überzeugt, dass jegliches Fehlverhalten dem Mangel an richtigem Wissen entspringe: *Wer weiß, was gut ist, wird Gutes tun.* Deshalb glaubt er auch, dass man die Tugend lernen kann. Allerdings lehnt er es immer ab, seine Zuhörer durch rhetorische Tricks lediglich zu tugendhaftem Verhalten zu überreden. Stattdessen sieht er es als seine Pflicht, sie durch geschickte Fragetechniken dazu zu bringen, die Wahrheit, die seiner Meinung nach bereits in jedem schlummert, für sich selbst zu entdecken und damit zu einer festen inneren Überzeugung zu gelangen.

Diese Art der Fragetechnik vergleicht Sokrates mit der Kunst der Hebamme (dem Beruf seiner Mutter). Er sieht seine Aufgabe darin, wie ein Geburtshelfer durch geschicktes Fragen die Wahrheit ans Tageslicht zu bringen. Seine sokratische Methode beginnt damit, dass er sich zu Beginn eines Gesprächs unwissend stellt. Dann fordert er seine Zuhörer auf, ihn zu belehren. Wenn sie schließlich Aussagen über bestimmte Konzepte und Begriffsdefinitionen machen, stellt er diese gezielt in Frage. Dabei scheut er auch nicht vor extremem Sarkasmus zurück, wenn sich sein Gegenüber allzu hartnäckig an Fehlüberzeugungen klammert. Manche Aussagen offenbaren erst »ad absurdum«, also auf die absurde Spitze getrieben, ihren Mangel an Korrektheit, und die Richtigkeit einer Definition wird erst deutlich durch die Folgen, die sich aus ihrer Akzeptanz ergeben.

Diese erste Stufe der sokratischen Methode ist somit die Ironie: Durch vorgetäuschtes Nichtwissen und entsprechende Fragen wird der Gesprächspartner zunehmend in Widersprüche verwickelt und kommt dadurch allmählich selbst zur Erkenntnis seines Nichtwissens. Als nächstes folgt die Methode der Induktion. Nachdem sich der Zuhörer seiner eigenen Unkenntnis bewusst ist, gilt es, gesichertes Wissen aufzubauen. Dies geschieht durch eine genaue Analyse einzelner Beispiele aus dem täglichen Leben. Aus dieser Analyse werden allgemeine Schlussfolgerungen gezogen und vorläufige Ausgangsdefinitionen entwickelt. In der letzten Stufe werden diese Begriffsbestimmungen mit der Methode der Definition zunehmend verfeinert und eindeutig gegeneinander abgegrenzt. Am Ende des gesamten Prozesses stehen dann klare, universelle Definitionen der jeweiligen Begriffe.

Mit seiner Methodik legt Sokrates die Basis für eine philosophische und methodische Entwicklung, die letztendlich über viele Generationen von Philosophen hinweg zur Grundlage unserer westlichen Zivilisation wird.

Der Sokrates im Manager

»Wer fragt, führt!«, heißt es im Titel eines Seminars. Und die Veranstalter haben Recht: Die richtigen Fragen zur richtigen Zeit stellen zu können, ist ein entscheidender Erfolgsfaktor für jede Führungskraft. Das gilt nicht nur bei der Mitarbeiterführung, sondern auch für Meetings, Vorstandssitzungen und den Umgang mit Vorgesetzten. Jeder Manager tut gut daran, etwas von Sokrates in sich zu haben, wenn er Einfluss in seinem Umfeld gewinnen will.

Wir alle hören uns nur allzu gern reden. Dabei bringt Zuhören oft viel mehr. Ein guter Verkäufer weiß das: Dort, wo der Novize noch weiterplappert, handelt der Profi nach dem Motto »Schweigen ist Gold«. So mancher Kunde kann nur durch aufmerksames Hinhören und gezieltes Fragen aus der Reserve gelockt und gewonnen werden. Auf diese Weise können vorhandene Einwände ans Tageslicht geholt und entschärft werden; außerdem gewinnt man damit das Vertrauen seines Gegenübers.

Studien haben gezeigt, dass Menschen einen Gesprächspartner

für umso intelligenter und kompetenter halten, je mehr er sie selbst zum Reden bringt und reden lässt. Dies ist ein oft unbeachteter Aspekt im Umgang mit Vorgesetzten und Mitarbeitern. Aber nicht nur im Wirtschaftsleben ist dies ein wichtiger Aspekt von Führung und Motivation: Ob Eltern ihre Kinder zu besserem Verhalten motivieren wollen oder Lehrer sich darum bemühen, Schüler zum Lernen zu bewegen: Die Fähigkeit, genau zuzuhören und die richtigen Fragen stellen zu können, ist hier ein wesentlicher Erfolgsfaktor.

Die Kunst der richtigen Fragetechnik ist ein wichtiges Führungsinstrument. Es ermöglicht den Mitarbeitern ihr Wissen auf neue und unerwartete Art und Weise aktiv zu nutzen. Durch die Formulierung geeigneter Fragen kann ein Manager seine Mitarbeiter dazu bewegen, mittels ihres eigenen Wissens zu Entscheidungen zu kommen, die auch aus der Sicht des Managers die richtigen sind. Ein weiterer positiver Effekt dieser Methodik ist, dass Mitarbeiter, die an der Entscheidungsfindung beteiligt sind und selbst zu dem Schluss kommen, dass die getroffene Entscheidung die richtige ist, wesentlich motivierter sind, diese Entscheidung in der Praxis umzusetzen.

Die Bedeutung der Mitarbeitermotivation kann in dieser Hinsicht kaum überschätzt werden. Die Mehrzahl aller Managemententscheidungen scheitert nachweislich daran, dass die Mitarbeiter – also diejenigen, die diese Entscheidungen im Alltag umzusetzen haben – die Mitarbeit zumindest durch passiven Widerstand verweigern. Überzeugte Mitarbeiter sind in dieser Hinsicht immer noch die besten Repräsentanten des Managements. Als Teil der Unternehmenskultur führt ein offener Dialog auch dazu, dass die Entscheidungsfindung als fortlaufender Prozess verstanden wird, an dem sich alle nach bestem Wissen beteiligen und der eigentlich nie ein Ende, sondern in zunehmenden Verbesserungen seinen langfristigen Ausdruck findet.

Sokrates ist so sehr von der Bedeutung des Dialogs für die Wahrheitsfindung überzeugt, dass er angeblich deshalb konsequenterweise keine eigenen Schriften seiner Lehren verfasst. Heute könnte letztendlich alles Wissen per Websites, Chatroom und E-Mails verbreitet werden. Trotzdem bestehen fast alle Wissenschaftler auf den Besuch von Kongressen, denn erst der persönliche Dialog, später nach den Veranstaltungen noch in kleinem Kreise weitergeführt, bringt oft den echten kreativen Durchbruch. Entsprechend sollte auch der persönliche Gedankenaustausch im Unternehmen gefördert werden.

> »*K*lug ist, wer weiß, was er nicht weiß!
> Nur der ist weise, der weiß, dass er es nicht ist.
> Es ist keine Schande, nichts zu wissen, wohl aber, nichts
> lernen zu wollen.«

Sokrates ist aber nicht nur daran interessiert, andere zum Wissen zu führen. Er ist vor allem auch immer bemüht, sein eigenes Wissen kritisch zu hinterfragen. Für ihn sind Selbsterkenntnis und der Erwerb gesicherten Wissens das höchste Ziel. Dabei ist das Wissen, das er anstrebt von moralischer Qualität. Ihn interessiert beispielsweise mehr, was Loyalität ist, und wie man sie in unterschiedlichen Situationen zum Ausdruck bringt, als die Frage, wie weit etwa der Mond von der Erde entfernt ist. Und die Ethik ist für ihn keine Pflichtübung. Denn er ist fest davon überzeugt, dass richtiges Verhalten automatisch entsprechend positive Früchte für das eigene Leben mit sich bringen würde.

Seine Empfehlung an Menschen in Führungsverantwortung wäre deshalb gewesen, die eigenen Ansichten und Werte einer ständigen Überprüfung zu unterziehen und eine Organisationskultur zu entwickeln, die eine Ethik widerspiegelt, welche auf festen Unternehmenswerten fußt. Diese Kultur muss dann mit Mut und Durchsetzungskraft vor jeglichen Versuchen der Unterminierung geschützt werden und gegen interne und externe Versuchungen verteidigt werden, die diese Prinzipien missachten.

Wie die Skandale in Politik und Wirtschaft in letzter Zeit gezeigt haben, ist es gerade heute, da alle Managemententscheidungen schnell ins Blickfeld einer kritischen Öffentlichkeit geraten können, ratsam, gewisse ethische Standards im Unternehmen zu etablieren und durchzusetzen – schon allein aus Eigeninteresse der Führung.

>> *Sei, was du scheinen willst!* <<

Nicht nur PR-Manager tun mittlerweile gut daran, diesen Rat zu befolgen und ihren Mitarbeitern und Kollegen ans Herz zu legen. Transparenz und Authentizität entwickeln sich zunehmend zu wichtigen Erfolgsfaktoren. Langfristig können wir in einer Informationsgesellschaft unsere wahren Absichten und unsere wahre Natur auf Dauer nicht verbergen. Deshalb ist eine echte Charakterentwicklung immer häufiger ein wichtiges Kriterium für die Karriere. Zudem können die unethischen Praktiken weniger Führungskräfte die gesamte Wirtschaft unterminieren. Der Erfolg ganzer Wirtschafträume hängt vom Vertrauen der Investoren und Konsumenten ab. Offensichtliche Vertrauenswürdigkeit wird damit auch zu einer gesamtgesellschaftlichen Verantwortung derjenigen, die politische oder wirtschaftliche Führungsverantwortung ausüben wollen.

>> *Vier Eigenschaften gehören zu einem Richter: höflich anzuhören, weise zu antworten, vernünftig zu erwägen und unparteiisch zu entscheiden.* <<

Entscheidungsträger müssen zuhören können, und sie müssen unparteiisch sein. Das ist gerade für erfolgsverwöhnte Manager ein schwieriges Unterfangen. Man ist leicht von der eigenen Meinung so sehr überzeugt, dass man sich erst gar keine andere anhört. Und es ist nicht leicht, die eigene Meinung angesichts anderer Ansichten objektiv zu relativieren. Kommt dann noch die Frage des Eigeninteresses ins Spiel, sehen sich viele Manager in der Zwickmühle. Nur die Besten stellen in dieser Situation das Wohl ihres Unternehmens dann in den Vordergrund. Und nur die besten Unternehmen stellen sicher, dass solche unparteiischen Entscheidungen zu Belohnungen führen und nicht im innerbetrieblichen Ränkespiel einen Nachteil darstellen.

> *»Bedenke, dass die menschlichen Verhältnisse insgesamt unbeständig sind, dann wirst Du im Glück nicht zu fröhlich und im Unglück nicht zu traurig sein.«*

> *»Denn das Wort ist wahr, dass ein Extrem regelmäßig das entgegengesetzte Extrem auslöst. Das gilt so beim Wetter, in unseren Körpern und erst recht bei den Staaten.«*

Nichts ist so sicher wie die Veränderung. Entsprechend sollten wir uns gerade bei persönlichen oder unternehmerischen Höhenflügen besonders gegen potenzielle Rückschläge wappnen. Gerade in guten Zeiten haben wir die Gelegenheit, uns auf weniger günstige Zeiten vorzubereiten, indem wir uns entsprechende Rücklagen bilden. Erfolgreiche Manager arbeiten bereits an der nächsten Strategie, bevor die gegenwärtige den Zenit ihrer Effektivität erreicht hat. Das mag wie eine Binsenweisheit klingen, wird aber nur allzu oft übersehen. So werden die Marketingschlachten in den USA mittlerweile von großen Pharmaunternehmen im Gerichtssaal ausgefochten, weil man es schlichtweg versäumt hat, vor dem Auslaufen lukrativer Patente neue profitable Produkte zu entwickeln. Nun wird versucht, mit allerlei juristischen Tricks den alten Cash-Cows noch etwas Leben einzuhauchen, beispielsweise mit dem Argument, der Patentschutz müsse für teurere Entwicklungen verlängert werden. Aber Gesetze und Bestimmungen sind ein Teil des Wirtschaftslebens; keiner sollte sich daher auf ein vage, potenzielle Gesetzesänderung verlassen.

Im Grunde sind nach Sokrates in diesem Sinne alle Extreme gefährlich. Man kann sich nicht auf wenige herausragende Produkte oder eine erfolgreiche Strategie verlassen. Über kurz oder lang

kommt es zur Gegenreaktion der Konkurrenz, oder die gesamt-
wirtschaftlichen Umstände ändern sich. Deshalb muss vor allem in
Zeiten des Erfolgs auf eine Offenheit für Veränderungen und eine
vorsichtige Vorbereitung darauf geachtet werden.

>>*Rechtes Handeln folgt dem rechten Denken.*<<

Erfolg oder Misserfolg, ob im privaten oder gesellschaftlichen Bereich, ist oft eine Frage der eigenen Einstellung. Sokrates ist tief davon überzeugt, dass wir dort, wo wir klare und richtige Sichtweisen
der Gegebenheiten entwickelt haben und entsprechend korrekte
Schlussfolgerungen ziehen, zu erfolgreichem Handeln finden können. Deshalb ist ein ständiges kritisches Hinterfragen der eigenen
Sichtweisen und Handlungen ein wesentlicher Schlüssel zur Ver-
meidung von Fehlentscheidungen und Fehlhandlungen.

Für diese, heute Selbstmanagement genannte Vorgehensweise,
hat Sokrates auch schon Worte gefunden:

>>*Wenn wir alle unser Unglück auf einen gemeinsamen
Haufen legten und dann jeder davon einen gleich großen Teil wieder an sich nehmen müsste, so würden die
meisten Menschen zufrieden ihr eigenes Unglück zu-
rücknehmen und davongehen.*<<

>>*Nichts zu bedürfen ist göttlich. Möglichst wenig zu
bedürfen, kommt der göttlichen Vollkommenheit am
nächsten.*<<

Eine gute Führungskraft hat ihre Begehrlichkeiten unter Kontrolle.
Sokrates selbst war ja auch keineswegs ein Asket. Von ihm stammt
übrigens auch der Ausspruch: *Essen und Trinken hält Leib und See-
le zusammen.* Gerade Menschen mit viel Macht und Einfluss müssen sich aber besonders gegen allzu menschliche Schwächen wappnen, wenn sie ihre Position und soziale Stellung längere Zeit
aufrechterhalten wollen.

Sokrates selbst hat nicht nur so geredet, er hat auch danach gehandelt. Scheinbar unbekümmert verbringt er den letzten Tag mit seinen Freunden. Er verzichtet auf die Henkersmahlzeit, bei der andere Verurteilte stets noch essen, trinken und sich mit Frauen vergnügen. Und als ihm am Abend der Becher gebracht wird, trinkt er ihn ohne weitere Verzögerung aus. Sokrates will nicht vergeblich am Leben kleben und geht mit den Worten:

> »*Nun ist es Zeit wegzugehen: für mich, um zu sterben, für Euch, um zu leben. Wer von uns dem Besseren entgegengeht, ist jedem verborgen.*«

Nicht jeder mag Sokrates' Sichtweise teilen, der sich trotz der Ungerechtigkeiten, die ihm seine Heimatstadt zuteil werden lässt, weigert, ihr den Rücken zu kehren. Ohne Zweifel hat er mit seinem Beispiel nicht nur eine solide methodische, sondern auch ein ethische Grundlage für die weitere Entwicklung des westlichen Denkens gelegt. Und die Loyalität zu seiner Heimatstadt hielt Sokrates auch keineswegs davon ab, eine globale Perspektive einzunehmen:

> »*Ich bin kein Athener oder Grieche, ich bin Weltbürger.*«

PLATON
FÜHRUNG *als* REALISIERUNG *der* IDEE

Platon (ca. 427 – 347 v. Chr.) nimmt unbestritten eine zentrale Rolle in der westlichen Philosophie ein. Seine Anhänger sind schnell bereit, ihn in aller Bescheidenheit als den bedeutendsten Philosophen der Geschichte einzustufen. Der britische Denker Alfred N. Whitehead geht so weit zu behaupten, die gesamte Geschichte der Philosophie bestehe »aus nichts anderem, als einer Reihe von Fußnoten zu Platon«. Platons Einfluss auf unser westliches Denken ist in der Tat enorm. Er war nicht nur Schüler von Sokrates, sondern auch Lehrer von Aristoteles. Bereits mit zwanzig Jahren traf Platon auf seinen langjährigen Lehrer Sokrates und war bis zu dessen Tod sein Lieblingsschüler.

Platon selbst stammt aus einem alten Adelsgeschlecht. Umso bemerkenswerter ist seine spätere Überzeugung, dass die Herrschenden idealerweise nach ihrer Denkfähigkeit und Charakterstärke und nicht etwa nach ihrer Herkunft ausgewählt werden sollten. Vor allem der Opportunismus der Athener Politiker, der letztendlich auch zum Schauprozess und Todesurteil für Sokrates führt, bewegt Platon dazu, sich mit der Frage auseinanderzusetzen, welche Qualitäten eine gute Führungskraft auszeichnen.

Sämtliche veröffentlichte Schriften von Platon sind bis in unsere Zeit überliefert. Die meisten sind in Dialogform abgefasst mit der zentralen Figur Sokrates. Auf diese Weise hat uns Platon sowohl die Ideale und die dialektische Methodik des Sokrates als auch seine eigenen Ideen und Konzepte überliefert.

Wesentliche Impulse auf die westliche Geistesgeschichte hatte die von Platon um 385 v. Chr. gegründete Akademie, die in veränderter Form und Zusammensetzung über 1000 Jahre Bestand hat. Zusammen mit der Überlieferung des sokratischen Dialogs hat sie die Grundlagen für die Art und Weise der westlichen Lehrmethoden gelegt.

Bei der Frage, wo Platons direkter eigener geistiger Einfluss endet, sollte zudem nicht vergessen werden, dass Platon auch der hochgeschätzte Lehrer von Aristoteles ist. Zwar weisen die Überzeugungen beider Männer teilweise gravierende Unterschiede auf. Gemeinsam ist ihnen jedoch, dass sie Jahrhunderte des westlichen Denkens entscheidend geprägt und bis in unsere Zeit wesentlichen Einfluss auf die Art und Weise haben, wie wir die Welt sehen. Aristoteles' Sicht auf Platon ist gleichzeitig auch ein Zeugnis dafür, dass beide Philosophen immer in erster Linie der Wahrheitssuche verbunden waren:

> »*P*laton ist mir ein Freund, doch noch mehr Freund muss mir die Wahrheit sein.«

Der westliche Vordenker

Besonders mit seiner Ideenlehre, der Ausformulierung des sokratischen Dialogs und seiner politischen Philosophie – siehe Platons Meisterwerk *Der Staat* – definiert Platon Standards und beeinflusst ganz entscheidend unsere westliche Weltsicht.

Für Platon besteht die wahre Welt aus Ideen, einer Anzahl von ewig gültigen und unveränderlichen Wesenheiten. Diese Ideen sind die Urbilder der Realität. Sie haben ihren Bestand unabhängig von unserer subjektiven Wahrnehmung und bilden die Grundlage unserer sinnlich erfassbaren, vergänglichen Welt. Beispielsweise ist allen Tieren, die wir in der Welt wahrnehmen, die Idee des »Tierseins« gemeinsam. Wenn wir auf ein konkretes Tier in unserer Umwelt treffen, wissen wir aus der Vorkenntnis dieser Ideenwelt heraus, dass wir es mit einer bestimmten Ausprägung der Idee »Tier« zu tun haben. Ebenso können wir erkennen, dass so unterschiedliche Gattungen wie ein Elefant oder eine Maus beides Tiere sind.

Die Idee stellt für Platon die ideale Wirklichkeit dar, die wir in der einen oder anderen Form lediglich unvollkommen in unserer physischen Realität verwirklichen können. Dieses Konzept von der idealen Welt, die sich naturgemäß nur in Teilaspekten in unserer sinnlich erfassbaren Welt verwirklichen lässt, bringt eine interessante Sichtweise in unseren Alltag: Egal wie sehr wir glauben, gegenwärtig in unserem Leben unerwartete Höhen erreicht zu haben – es gibt keinen Grund, um das Streben nach Verbesserung in den Hintergrund zu stellen. Wir können in dieser vergänglichen Welt die Ideale der Ideenwelt nie wirklich völlig realisieren. Deshalb gibt es auch keinen Grund zum Feiern, wenn wir einen für uns akzeptablen Zustand der vermeintlichen Perfektion erreicht haben. Wir sind trotzdem immer noch weit von einem idealen Zustand in unserem Leben entfernt. Meist ist es die Zeit, die Platon Recht gibt: Wir können uns selten längere Zeit der Früchte unserer Arbeit erfreuen. Wenn wir nicht weiter an uns arbeiten und unsere Lebensumstände aktiv verbessern, wird es sehr bald wieder Rückschläge geben. Oder, mit den Worten von Will Rogers: »Selbst wenn du dich auf dem richtigen Weg befindest, wirst du überrollt werden, wenn du einfach nur darauf sitzen bleibst.«

In seinem berühmten Höhlengleichnis gibt uns Platon ein gutes Beispiel für seine Überzeugung von der Macht der objektiven Ideen. Die Geschichte soll gleichzeitig demonstrieren, wie wichtig es gerade für die zukünftigen Herrscher sein wird, die richtige Form von Idealismus zu entwickeln.

In dem Gleichnis lässt Platon seinen Lehrer Sokrates folgende Geschichte erzählen: In einer Höhle sind Gefangene seit ihrer frühen Kindheit eingesperrt und angekettet. Sie können sich kaum bewegen, und ihr gesamtes Blickfeld ist auf eine der Höhlenwände beschränkt. In ihrem Rücken brennt ein großes Feuer, und zwischen den Gefangenen und dem Feuer laufen Leute hin und her, die Gegenstände hochhalten. Aufgrund ihres eingeengten Blickfelds können die Gefangenen weder das Feuer sehen noch diejenigen, welche die Gegenstände hocherhoben tragen. Alles was sie sehen können, sind die Schatten, die diese Gegenstände auf die Höhlenwand werfen.

Nach Platons Überzeugung würden die Gefangenen diese Schatten, welche die Gegenstände an die Höhlenwand werfen, im Laufe der Zeit für die wirkliche Welt halten. Was würde aber geschehen, wenn einer der Gefangenen von seinen Ketten befreit würde? Zum ersten Mal in seinem Leben könnte er das Feuer sehen und die Personen, welche die Gegenstände tragen. Er würde die neuen ungewohnten Eindrücke, die er mit Erstaunen erblicken würde, für Illusionen halten. Denn die Schatten an der Wand sind für ihn die wahre Welt geworden. Zudem würde ihn das Feuer blenden und er müsste sich schnell von ihm abwenden. Noch viel extremer wäre seine Reaktion, wenn der Gefangene aus der Höhle ans Tageslicht geführt würde. Die Sonne, die nach Platon in dem Gleichnis die Quelle aller Dinge ist, würde ihn schmerzhaft blenden, und er könnte überhaupt nichts mehr erkennen.

Das Gleichnis soll uns klar machen, dass es ein schwieriges Unterfangen ist, die wahre Realität zu erkennen. Die Schatten an der Höhlenwand sind lediglich die Abbildungen der Dinge. Sie können uns zwar dabei helfen, die Realität besser zu verstehen, aber sie sind nicht die wahre Realität. Die Gegenstände, die vor dem Feuer hin- und hergetragen werden, sind vergleichbar mit den Dingen, denen wir in unserer alltäglichen Realität begegnen. Die Welt außerhalb der Höhle stellt die Welt der idealen Formen dar. Wer nur an das

Dämmerlicht der Höhle gewöhnt ist, wird große Schwierigkeiten damit haben, die Wahrheit dieser idealen Welt zu erkennen, obwohl oder gerade weil sie von der Sonne, nach Platon die Quelle von Leben und Erkenntnis, voll beschienen wird.

Es ist die Aufgabe der Philosophen, so viel wie möglich über diese ideale Welt in Erfahrung zu bringen und ihre Erkenntnis an ihre Mitmenschen, die wie die Gefangenen in der Höhle nur die Schatten an der Wand als einzige Information über ihre Welt haben, weiterzugeben. Aus diesem Grunde sind die Philosophen auch die idealen Herrscher, weil sie allein Einblick in die Welt der Ideen haben.

»Die Schwierigkeiten des Staates, ja der ganzen Menschheit, werden kein Ende nehmen, mein lieber Glaukon, bis Philosophen zu den Herrschern in dieser Welt werden oder bis diejenigen, die wir heute Herrscher nennen, wirklich und wahrhaftig zu Philosophen geworden sind.«

Platon für die Managementpraxis

Platon ist mit seiner Vorstellung von den Ideen der Begründer des Idealismus. Aus Platons Sicht ist alles Wirkliche, auch die uns umgebenden materiellen Dinge, lediglich die jeweilige Verwirklichung einer Idee der geistigen Welt. Für ihn haben die Ideen den Vorrang vor den nur scheinbar realen Erscheinungen unserer materiellen Welt.

Platons Ideenlehre liefert damit wichtige Denkanstöße für die Praxis des modernen Managements. Zum einen sollte uns zu denken geben, dass ein Philosoph, der weite Bereiche unserer westlichen Zivilisation entscheidend geprägt hat, sich in so starkem Maße für die alles umfassende Macht der Ideen eingesetzt hat. Gerade im Wirtschaftsleben gelten die Praktiker und Macher zumeist als die wesentlichen treibenden Kräfte. So genannte »softe Faktoren« werden hier schnell als Hirngespinste von Idealisten abgetan. Platons Wertschätzung ist genau umgekehrt. Nach seiner Vorstellung belegen diejenigen, die als Händler vor allem aus materialistischen Motiven handeln, die untere Stufe der Gesellschaft. Regiert, oder gemanagt, sollten sie von den Philosophen werden, die als Einzige einen angemessenen Zugang zur Welt der Ideen haben und charakterlich auch mit diesen Idealen verbunden sind. Von dieser höheren Warte aus sind sie am besten in der Lage, für das Wohlergehen der Gemeinschaft zu sorgen. Überspitzt könnte man sagen, nach Platons Überzeugung ist die ideale Führungskraft immer auch ein Philosoph, der mit weiser Voraussicht, Fairness und verlässlichen Kernwerten die Umsetzung der Vision in die Unternehmensrealität vorantreibt.

Ideen sind für Platon aber keine subjektiven Einfälle. Deshalb reicht es auch nicht aus, sich lediglich irgendwelche Visionen auszudenken. Es erfordert sehr viel mentale Arbeit, die Vision zu entwickeln, die für die jeweilige Organisation die richtige Leitlinie in die Zukunft darstellt. Moderne Untersuchungen haben gezeigt, dass eine wohlüberlegte und produktiv umgesetzte Vision ein mächtiges Instrument zur erfolgreicher Unternehmensentwicklung darstellt. Viele der über Jahrzehnte florierenden Unternehmen folgten hartnäckig einem Kanon an Kernwerten und haben eine klare Vision, was sie als Unternehmen darstellen wollen und wie sie sich durch einen individualisierten und einzigartigen Umgang mit Mitarbeitern, Kunden und anderen Zielgruppen erfolgreich von der Masse ihrer Mitkonkurrenten abheben können.

Im Endeffekt müssen Unternehmen profitabel wirtschaften, wenn sie erfolgreich sein wollen. Erfolg stellt sich jedoch nur ein, wenn man auch die Begeisterung bei den für den wirtschaftlichen Erfolg wichtigen Zielgruppen wecken kann. Dazu ist eine Menge Idealismus erforderlich. Heutzutage erwarten Kunden und Mitarbeiter von einem Unternehmen mehr als nur gut funktionierende Produkte und angemessenen Service. Diesen selbstverständlichen Standard bieten mittlerweile viele Unternehmen. Es geht zunehmend mehr um Gefühle, Weltbilder und Ideale. Ein Unternehmen muss sich auf dem Markt und der Börse auch gut verkaufen, wenn es wirtschaftlich erfolgreich sein will. Das heißt, dass der erfolgreiche Manager immer in einem gewissen Maße Visionär und Idealist sein muss.

Platon glaubt an die formende Macht der Ideen. Für ihn erschafft die ideale Realität unsere physische materielle Realität. Die richtige Vision kann sich in diesem Sinne als erfolgreiche Unternehmensrealität manifestieren. Die Umsetzung der unternehmerischen Vision in die Realität erfordert zudem aber effektive Überzeugungsarbeit vonseiten des visionären Entrepreneurs oder Managers. Kunden, Investoren und Mitarbeiter müssen für die Vision gewonnen werden. Der interaktive Dialog mit allen relevanten Zielgruppen ist daher ein zentrales Instrument der Unternehmensentwicklung.

Auch in dieser Hinsicht bietet Platon wichtige Anregungen. Fast alle seine Werke sind als Dialoge abgefasst, in denen Sokrates auf dialektische Weise seine Zuhörer dazu bringt, für sich selbst die Wahrheit zu entdecken (oder sich an Wahrheiten zu erinnern, die sie nach Sokrates eigentlich schon immer wussten, aber vergessen haben). In diesen Schriften hat Platon die Fragetechniken von Sokrates demonstriert und dadurch der Nachwelt überliefert.

Platon nutzt häufig die Induktion als Methode der Wahrheitsfindung. Was haben gute Manager gemeinsam? Natürlich haben Manager teilweise ein völlig unterschiedliches Naturell. Wer aber tiefer blickt, kann erkennen, dass es bei erfolgreichen und beliebten Führungskräften Gemeinsamkeiten gibt, die unabhängig vom jeweiligen Persönlichkeitstypus sind und deshalb auch als Vorbild und Beispiel für Erfolg gesehen werden können.

Auch im Hinblick auf die Informationsbeschaffung kann uns Platon wichtige Erkenntnisse liefern: Selbst auf der materiellen Ebene sind die Dinge oft nicht so, wie sie scheinen. Manager, die sich nicht aktiv um alternative Informationsbeschaffung bemühen – etwa indem sie selbst in die Produktionshallen und zu den Menschen gehen – können schnell zu Gefangenen der Managementetage werden. Zwar tragen ihnen viele Mitarbeiter allerlei Fakten und Informationen zu, aber diese Zahlen und angeblichen Fakten spiegeln die Unternehmensrealität häufig nur unvollständig wider. Nicht selten muss der Manager die Wahrheit selbst ans Tageslicht holen und kann sich nicht allein auf die offiziellen Informationskanäle verlassen.

Platon ist der Ansicht, dass die ideale Führungskraft ihre Weltsicht in Einklang mit ihrem persönlichen Verhalten bringen muss. Gute Führer haben feste Überzeugungen, die sie für objektiv richtig und wichtig halten. Deshalb legen sie an sich dieselben Maßstäbe an, die sie von anderen erwarten. Dieses Beharren auf der Einheit von Weltbild, Denken und Handeln ist ein wesentlicher Grund für den enormen Einfluss, den Platon auf die westliche Philosophie gewann. Gegen den zynischen Relativismus der Sophisten, welche die Wahrheit für beliebig hielten und lehrten, dass sich ein jeder die Wahrheit wählen solle, die seinem Vorteil am besten diene, setzt Platon den Glauben an die Macht der unveränderlichen Ideale. Schon sein Lehrer Sokrates bezahlt seine Überzeugung, dass es eine objektive Wahrheit und verbindliche Verhaltensprinzipien für alle gibt, mit dem Leben. Platon unterstreicht die Sichtweise seines Lehrers in seiner berühmten Verteidigungsrede des Sokrates und erweitert dessen Objektivität zu einem einheitlichen System des Denkens, Handelns und Führens, von dem wir bis heute wertvolle Anregungen ableiten können. Sein umfassender Ansatz gewinnt vor allem in unserer Informationsgesellschaft wieder an Aktualität. Denn die Einheit von Reden und Handeln auf persönlicher und organisatorischer Ebene wird global überprüfbar, nicht zuletzt, weil durch das Internet die Gatekeeper-Funktion der traditionellen Medien aufgeweicht wird.

Bemerkenswert ist, dass Platons Konzept vom Staat weitgehend

die Führungsstruktur der meisten heutigen Unternehmen widerspiegelt. Nach Platon wären weder ein diktatorischer Führungsstil
noch ein zu weit gehendes Empowerment der Mitarbeiter ideal. Eine hierarchische Ordnung – basierend auf der Führung durch erleuchtete und wohlwollende Denker und Wahrheitssuche – bildet
für ihn das ideale Umfeld zur Entwicklung des Gemeinschaftswe-
sens.

Visionäre Manager mit einer ausgewogenen Gewichtung der
Bedeutung von »weichen Faktoren« und gleichzeitig einem illusi-
onslosen Verständnis der harten Wirtschaftsrealität wären für ihn
die besten Garanten für den Unternehmenserfolg. Für Platon stün-
de außer Frage, dass die Unternehmenszukunft vor allem eine Frage der Qualität der Unternehmensführung ist.

Viele Unternehmen versuchen, diesem Umstand mittlerweile
Rechnung zu tragen. In einer Studie zu den Unternehmensphiloso-
phien der großen deutschen Unternehmen (viele davon auch die
deutschen Tochtergesellschaften ausländischer Konzerne) hat sich
gezeigt, dass bis 1998 bereits etwa 20 Prozent aller Unternehmen
offizielle Führungsleitlinien entwickelt hatten (siehe: A. Drosdek
(1998): *Die Visionen der deutschen Unternehmen*). Das Problem
mit solchen Idealen, die oft in Form von Hochglanzbroschüren den
Mitarbeitern und der Öffentlichkeit zur Verfügung gestellt werden,
ist jedoch häufig, dass damit Erwartungen geweckt werden, denen
die Führungsrealität dann nicht immer gerecht wird. Platon zeigt
sich in dieser Hinsicht skeptisch:

> »*Am allererdrückendsten sind doch die Leute, die Ge-
> setze erlassen und ständig erneuern, stets im Glauben,
> den Betrügereien im Geschäftsleben Schranken setzen
> zu können, ohne zu ahnen, dass sie in Wirklichkeit ei-
> ner Hydra Köpfe abschneiden.*«

Die Hydra ist das mythische Monster, dem immer, wenn ihm ein
Kopf abgeschlagen wird, an gleicher Stelle mehrere neue nachwach-

sen. Für Platon lassen sich Charakter und Führungsstil nicht reglementieren. Sie müssen aus einer persönlichen und organisatorischen Kultur erwachsen. In diesem Sinne können Führungsleitlinien nur dann effektiv sein, wenn sie ein Ideal beschreiben, das in seinen Ansätzen bereits in der Unternehmensrealität verankert ist. Wer dieses Prinzip missachtet, verliert viel an Glaubwürdigkeit:

>*Der höchste Grad von Ungerechtigkeit ist geheuchelte Gerechtigkeit.*«

>*Die schlimmste Art der Ungerechtigkeit ist die vorgespielte Gerechtigkeit.*«

Was die Gleichberechtigung der Mitarbeiter anbetrifft, so zeigt Platon schon zu seiner Zeit eine erstaunlich moderne Einstellung, so modern, dass wir auch heute noch weit davon entfernt sind, in der Unternehmensrealität diesem Ideal gerecht zu werden:

>*Es gibt also, mein Freund, keine Beschäftigung eigens für die Frau, nur weil sie Frau ist, und auch keine eigens für den Mann, nur weil er Mann ist, die Begabungen finden sich vielmehr gleichmäßig bei beiden Geschlechtern verteilt.*«

Platon sieht dort, wo Führungsverantwortung ausgeübt wird, die Verpflichtung, dies zum Wohle des gesamten Gemeinwesens zu tun. Sozusagen als Nebeneffekt ist dies auch der beste Weg, das eigene Wohlergehen langfristig zu sichern. Wie die Entwicklungen der US-amerikanischen Bilanzskandale im Sommer 2002 gezeigt haben, ist Platons Sichtweise durchaus noch aktuell. Allein die öffentliche Bloßstellung hätte wohl einen Teil der Manager (trotz der persönlichen finanziellen Gewinne) zu anderen Entscheidungen veranlasst, wenn sie die Folgen hätten vorhersehen können.

»Der Mensch ist nicht für sich allein geschaffen, sondern zugleich für sein Vaterland und seine Mitmenschen.«

»Indem wir das Wohl anderer anstreben, fördern wir unser eigenes.«

Die ideale Führungskraft ist nach Platon brillant in der Analyse der gegenwärtigen Realität, aber gleichzeitig visionär in ihrem Streben nach einer besseren Zukunft. Sie hat das Wohl der gesamten Organisation im Auge, wenn sie Entscheidungen trifft. Und sie selbst wird zu einer Verkörperung des Ideals für andere. Platon glaubte in dieser Hinsicht fest an die Macht des Vorbilds.

Den Mitarbeitern ein Vorbild zu sein ist damit nicht nur eine Verantwortung der idealen Führungskraft, es ist gleichzeitig auch wichtigstes Führungsinstrument.

»Glaubst Du, man könnte in Bewunderung mit etwas verkehren, ohne es nachzuahmen?«

Für Platon ist die Idee mächtiger als die Realität, weil sie die Realität formt und prägt. Und die beste Führungskraft ist diejenige, die das Ideal in bester Weise persönlich verkörpert. Dem Einfluss echten Charakters und effektiver Visionen kann sich auf Dauer kaum jemand entziehen. Das ist die entscheidende Botschaft von Platon an den heutigen Manager.

ARISTOTELES
Das MANAGEMENT von WISSEN

Der weitreichende Einfluss von Platon auf das westliche Denken wird von seinem besten Schüler noch überflügelt: Aristoteles (384–322 v. Chr.) wird über Jahrhunderte hinweg respektvoll mit »der Philosoph« betitelt. Mehr als jeder andere Denker beeinflusst er die Denkweise der westlichen Zivilisation.

Ein Grund für seine fächerübergreifende Popularität über so lange Zeit hin ist, dass er mit seinen Konzepten und Lehren fast das gesamte Wissen seiner Epoche tangiert. Es gibt kein Wissens- und Forschungsgebiet, zu dem Aristoteles nicht etwas beigetragen hätte. Naturgemäß beziehen spätere Denker und Forscher seine Überlegungen regelmäßig mit ein, wodurch er einige Jahrhunderte lang als Autorität in Fragen der Philosophie und Wissenschaft angesehen wird.

Bemerkenswert ist auch, dass Aristoteles der Lieblingsschüler Platons ist, während Platon der beste Schüler von Sokrates ist. In diesem Sinne stellt Aristoteles die Kulmination einer Generation von großen Denkern dar, die bis auf Sokrates zurückreicht und die insgesamt weitgehend die Grundlagen für die westliche Zivilisation legt.

Aristoteles' Interessen umfassen fast alle Wissenschaften und Künste. Er befasst sich mit Fragen aus so unterschiedlichen Wissensbereichen wie Physik, Chemie, Biologie, Zoologie, Botanik,

Psychologie, Politikwissenschaft, Ethik, Logik, Geschichte, Litera-
turtheorie und Rhetorik. Mit einem Teil seiner Schriften prägt er
auch den Begriff Metaphysik (eigentlich nur der Name für die
Schriften, die er verfasst, nachdem er seine Lehren zum Thema
Physik niedergeschrieben hat) und wird durch sie zu einer maßge-
benden Autorität für die christlichen Theologen.

Aristoteles erhält von früher Jugend an Zugang zum wissenschaftlichen Wissen seiner Zeit. Sein Vater ist Hofarzt von Amyn-
tas III, dem König von Mazedonien und Großvater von Alexander
dem Großen. Als Sohn eines Arztes profitiert Aristoteles von einer
nahezu 200-jährigen wissenschaftlichen Tradition.

Circa 20 Jahre lang ist Aristoteles Schüler in Platons Akademie,
die er erst nach dem Tod seines Lehrers und der Wahl dessen Nef-
fen Speusippus zu seinem Nachfolger verlässt. Fünf Jahre später
wird er zurück an den mazedonischen Hof berufen, wo er den
Kronprinzen unterrichtet, der später als Alexander der Große Geschichte macht.

Während seiner Zeit in der Akademie beginnt Aristoteles mit
der Entwicklung seines Systems der Logik, einer damals neuen
Wissenschaft. Aristoteles' Grundlage in diesem Bereich ist so pro-
fund und umfassend, dass er damit für über zweitausend Jahre die
westliche Methodik des Philosophierens bestimmt.

Die Philosophie des Philosophen

Aristoteles hat mit unzähligen Werken zu fast allen Wissensgebieten beigetragen. Seine Schriften zur Biologie wirkten sogar bis ins
19. Jahrhundert hinein. Besonders wichtig ist sein Konzept der Te-
leologie (die Lehre vom letztendlichen Zweck) und sein System der
Logik.

Entwicklungen und Veränderungen haben nach Aristoteles

letztendlich vier Ursachen. Zum einen gibt es eine Wirkursache (1), die den Prozess in Gang bringt. Sie ist der Auslöser für die ganze Entwicklung. Wie der Prozess verläuft, hängt aber auch von der materiellen Beschaffenheit, Stoffursache (2) und der Form dessen ab, was verändert wird, Formursache (3). Als viertes kommt noch die Zweckursache (4) hinzu, die Ziel und Zweck des Prozesses bestimmt (im Sinne von Ursache und Wirkung oder Mittel und Zweck). Alle Prozesse sind nach Aristoteles verkettet. Jeder Zweck eines Prozesses ist am Ende Mittel für einen anderen Prozess, der selbst wiederum einem Zweck dient. In diesem Sinne sieht Aristoteles eine allererste Ursache, die alle Prozesse in Bewegung setzt (der erste Beweger) und einen letztendlichen Zweck, auf den alle Prozesse zustreben. Nach Aristoteles sind dieses letzte Ziel und der erste Beweger identisch.

Aristoteles sieht auch in der Natur eine Entwicklung von unvollkommenen Anfängen hin zu einer perfekteren letztendlichen Ausgestaltung. Dabei gibt es unterschiedliche Bestimmungen, abhängig von der Natur der Dinge. Ein Fels wird normalerweise einfach ruhig daliegen, während es in der Bestimmung der Eiche liegt, sich von einem kleinen Samenkorn hin zu einem mächtigen Baum zu entwickeln. Aber nicht alle Entwicklungen verlaufen bestimmungsgemäß. Bereits die Lebenserfahrung lehrt, dass es immer wieder zu Problemen kommen kann. Entwicklungsphasen werden abgebrochen oder führen zu weniger als vollkommenen Endzuständen.

Laut Aristoteles wirkt diese Gesetzmäßigkeit überall in der Natur. Auch für den Menschen ist dies eine wichtige Erkenntnis: Er muss sich in einem beständigen Prozess der Vervollkommnung befinden, um seine wahre Bestimmung zu erfüllen. Da der Mensch ein sozial orientiertes Wesen ist, kann er nach Aristoteles nur in der Gemeinschaft mit anderen seinen Grad an Perfektion und Glück erreichen. Denn Menschen sind von Natur aus mit unterschiedlichen Talenten ausgestattet. Ein zufrieden stellendes Leben für alle

Beteiligten kann deshalb am ehesten durch eine angemessene Arbeitsteilung erreicht werden. Menschen mit besonderen oder herausragenden Talenten sind dann am glücklichsten, wenn sie diese Talente in einer Gemeinschaft ausleben und perfektionieren können. Wieder andere sind in ihren Talenten flexibler und können im Prinzip vielfältige Aufgaben übernehmen. Aber kein einzelner Mensch ist in der Lage, in allen Bereichen zur vollen Perfektion zu gelangen. Somit ist eine Gemeinschaft in der Lage, vielfältige Probleme und Aufgaben gemeinsam erfolgreich zu bewältigen.

Im Gegensatz zu den Tieren hat der Mensch Wahlmöglichkeiten, wie er seine Talente einsetzen will. Er riskiert aber, sich selbst im Wege zu stehen. Tiere werden meist nur durch äußere Umstände behindert; der Mensch kann sich jedoch zusätzlich selbst beschränken und schädigen.

Alle Menschen wollen ein gutes und zufrieden stellendes Leben führen. Für die Erreichung dieses Zieles ist es nach Aristoteles Meinung wichtig, Extreme zu vermeiden. Weder ein Zuviel noch ein Zuwenig beglückt den Menschen. Bei bestimmten Gütern, die der Mensch besitzt, ist dieses Prinzip offensichtlich. Ein Mensch braucht nur eine bestimmte Anzahl von Schuhen oder Kleidern. Schwieriger wird das Maßhalten bei Gütern, die flexibel eingesetzt werden können. Zum Beispiel ist es sinnvoll, eine gewisse Menge an finanziellen Mitteln zu erwerben, weil Geld als Tauschmittel für Güter aller Art dienen kann. Wer aber deshalb seine ganze Energie nur auf den Gelderwerb ausrichtet, schadet damit der Gemeinschaft und engt auch sein eigenes Leben zu sehr ein. Ähnlich verhält es sich mit der Macht. Dort wo sie zum Nutzen aller eingesetzt wird, ist sie gut und wertvoll. Wer Macht aber nur um ihrer selbst willen anstrebt, schadet letztendlich dem Gemeinwohl und setzt sich selbst unnötigen Anfeindungen aus.

Als ethisches Ideal sieht Aristoteles deshalb das Prinzip der Goldenen Mitte. Weder Feigheit noch Tollkühnheit sind Tugenden, wohl aber der Mut, der zwischen beiden Extremen steht. Ebenso sind Geiz und Verschwendung negative Extreme, zwischen denen sich das rechte Maß an Großzügigkeit befindet.

Aristoteles leistet einen entscheidenden Beitrag zur Wissenstheorie. Seine Ansichten zur Logik ermöglichen die systematische Analyse von Fakten und Informationen und sind bis heute wichtig. Er unterscheidet zwischen theoretischer und praktischer Wissenschaft. Die theoretische Wissenschaft befasst sich mit der Wahrheit, »dem, was nicht anders sein kann« und umfasst Physik, Mathematik und Metaphysik. Bei den praktischen Wissenschaften geht es um die Dinge in unserer Welt, die verändert werden können, »dem, was anders sein kann«. Für diesen Bereich finden wir bei Aristoteles Handlungsanleitungen zum Beispiel zu den Themen Ethik und Politik.

Bei den Wissenschaften beschäftigt Aristoteles auch die Frage der Instrumentalisierung von Wissen. Für ihn kommt dabei vor allem die Klugheit ins Spiel. Dabei unterscheidet er zwei Tugenden: die Tugend des Verstandes und die Tugend des Charakters. Klug ist, wer beides in seinen Entscheidungen vereint. Durch die Unterscheidung zeigt sich, dass clevere, auf kurzfristige Vorteile ausgerichtete Entscheidungen nicht automatisch zu guten Entscheidungen führen. Gut ist, was langfristig allen Beteiligten zum Nutzen gereicht. In dieser Hinsicht ist Aristoteles bescheidener als Platon mit seiner idealistischen Ethik: Solange wir auch nur ein wenig zur Verbesserung der Welt beitragen, handeln wir auch zumindest in bescheidenem Maße ethisch.

Aristoteles für die Managementpraxis

Für das Management kann man von Aristoteles vieles lernen. Allein zum Thema Unternehmensethik sind zahlreiche Anregungen aus seinen moralischen Konzepten hilfreich. Hier lohnt es sich vor allem, sich mit den beiden Begriffen *Zweck* und *Wissen* auseinanderzusetzen.

Das Thema Wissensmanagement hat in den letzten Jahren vermehrt an Bedeutung gewonnen. Dieser Trend wird wegen der astronomisch wachsenden Fülle der uns zur Verfügung stehenden Informationen im Laufe der Zeit noch zunehmen. Jedes Unternehmen, das etwas auf sich hält, sieht sich mittlerweile genötigt, ein formelles Wissensmanagement einzurichten oder sogar einen offiziellen »Knowledge Manager« zu benennen.

Keine Frage: Durch die zunehmende Flut an täglichen Informationen ist eine systematische Bearbeitung, Speicherung und Aufbereitung erforderlich, wenn ein Unternehmen aus dieser großen Informationsfülle Nutzen ziehen will. In Bereichen, in denen Wissen schon zum entscheidenden Wettbewerbsfaktor geworden ist, gilt systematisches Wissensmanagement bereits als Überlebensfrage. Das größte Problem des Wissensmanagements ist die Tatsache, dass Informationen und Fakten erst dann von Nutzen sind, wenn sie im Kontext mit den Aufgaben, Zielen und Zwecken des Unternehmens stehen.

Wie so viele neue Managementthemen, egal, ob sie sich im Rückblick als kurzfristige Strohfeuer oder wichtige Meilensteine der Managementmethodik erwiesen, kursierte das Konzept des Wissensmanagements zuerst als neue Managementmethode. Entsprechend entstanden Tausende von Angeboten der Beraterbranche, die alle dem Unternehmen versprechen, ein funktionierendes Wissensmanagement einzuführen.

An diesem Punkt kann Aristoteles hilfreich sein. Denn bei all der Aufregung über das neue Konzept Wissensmanagement geht allzu leicht die Kernfrage unter: Zu welchem Zweck brauchen wir Wissen? Gerade bei Modeerscheinungen ist die Gefahr groß, dass man sie nur um ihrer selbst willen durchführt. Gerade beim Wissensmanagement ginge dann der Kern des Konzepts schnell verloren. Denn nicht irgendein Wissensmanagement »von der Stange«

ist für das Unternehmen relevant. Wichtig ist hier, dass das Unternehmen das Wissen sammelt, auswertet und leicht zugänglich speichert, welches ihm einen Wettbewerbsvorteil bietet oder ihm zumindest ermöglicht, mit den Besseren unter den Konkurrenten erfolgreich mitzuhalten. Wissen als Selbstzweck mag für eine gemeinnützige Stiftung als Ziel dienen, kann aber nicht Bestandteil einer profitablen Unternehmenspolitik sein. Die Ausnahme wäre ein Unternehmen, das seinen Kunden Wissen aller Art als Service zur Verfügung stellt und damit den Goodwill wichtiger Zielgruppen gewinnt.

Der Fokus auf den Zweck der Dinge, auf den Aristoteles viel Wert legt, ist dabei von entscheidender Bedeutung. Erfolgreiches Wissensmanagement heißt für jedes Unternehmen vor allem, Wissen in einer Weise zu organisieren, die langfristig dazu führt, dass das Unternehmen effektiver und effizienter operiert.

Nach den Vorstellungen von Aristoteles würde mit der zweckgerichteten Einrichtung eines unternehmerischen Wissensmanagements ein fortlaufender Entwicklungsprozess in Gang gesetzt. Solange das Unternehmen besteht und dabei ständig an der letztendlichen Erfüllung seines Unternehmenszwecks arbeitet, wächst auch parallel die Wissensbasis mit und entfaltet ihren Zweck mehr und mehr. Ausschlaggebend für diesen Entfaltungsprozess des unternehmerischen Wissens ist die Frage, welche Grundlage für das Wissensmanagement gelegt wurde. Der eine Samen bringt eine große, manchmal Jahrhunderte überdauernde Eiche hervor, ein anderer nur ein kleines Gräschen, das in der nächsten Sommerhitze verdorrt. Entsprechend entscheidet die anfängliche Ausgestaltung des Projekts Wissensmanagement zu weiten Teilen darüber, welches Potenzial dieses gesammelte und ausgewertete Wissen letztendlich für die Unternehmenszukunft hat. Die Anfangsbedingungen sind entscheidend.

Entsprechend sorgfältig sollte deshalb das Projekt Wissensmanagement im Unternehmen angegangen werden. Auch hier bietet

Aristoteles Ansatzpunkte. Zweifellos muss zum Beispiel ein gutes Wissensmanagement sowohl Grundlagenwissen als auch konkrete Informationen für die gegenwärtige Unternehmensarbeit liefern; das bedeutet: theoretisches Grundlagenwissen als Input für die zukünftige Weiterentwicklung des Unternehmen und praktische Anleitungen für die bessere Bewältigung des Unternehmensalltags. Dem ganzen Projekt muss eine klare Vorstellung innewohnen, welche Unternehmenszwecke mit diesem Wissen erreicht werden sollen. Diese Frage muss das Projekt vom Stadium des Wissenserwerbs bis hin zur Frage der Wissensspeicherung prägen, wenn das Unternehmen erfolgreich sein will. Wissensmanagement ist in diesem Sinne nur ein Glied in einer Kette von Ursachen und Wirkungen. Letztendlich bringt deshalb die Frage des Zwecks eines unternehmensspezifischen Wissensmanagements die übergeordnete Frage des eigentlichen Unternehmenszwecks ins Spiel. Nur ein Unternehmen, das sich darüber im Klaren ist, wohin es insgesamt steuert, kann überhaupt entscheiden, welche Art von Wissen es für diese Entwicklung benötigt.

»Das Denken für sich allein bewegt nichts, sondern nur das auf einen Zweck gerichtete praktische Denken.«

Relevant ist dabei die Frage, inwiefern mit dem Wissen konkrete Fortschritte erzielt werden. Da jeder Mensch nur bestimmte Talente und einen begrenzten persönlichen Horizont hat, kann ein Unternehmen ein erfolgreiches Wissensmanagement nur dadurch sicherstellen, wenn möglichst alle Talente von Belegschaft und Management in das Wissensmanagement mit einfließen. Nur über einen solchen globalen Ansatz kann eine Wissensbasis geschaffen werden, die den traditionellen Wissensschatz des Unternehmens deutlich überflügelt, weil erst durch das bewusste Management des Wissens das individuelle Wissen aller vernetzt wird. Ganz im Sinne von Aristoteles' weisem Ausspruch:

»Das Ganze ist mehr als die Summe seiner Teile.«

Wichtig sind bei der Einrichtung von Wissensmanagement zwei Elemente. Zum einen muss die Balance gewahrt werden. Die Ansammlung, Auswertung und Speicherung von Wissen verbraucht unternehmerische Energien und Ressourcen. Letztendlich könnte ein Unternehmen all seine Energien darauf verwenden, relevantes Wissen zu sammeln und auszuwerten. Zum anderen könnte ein Unternehmen auf jegliches Sammeln von Wissen verzichten. Beide Ansätze wären für die meisten Unternehmen unproduktiv. Hier eine vernünftige Balance zu finden, ist eine schwierige Aufgabe.

»Der Gebildete treibt die Genauigkeit nicht weiter, als es der Natur der Sache entspricht.«

Zudem muss das Wissensmanagement regelmäßig auf folgende Fragen überprüft werden: Sammeln wir weiterhin alles relevante Wissen? Werten wir es effektiv aus? Verschwenden wir Energien und Ressourcen auf Aspekte des Wissensmanagements, die uns am Ende keinen Vorteil bringen?

Des weiteren ist zu bedenken, dass Wissen im Prinzip wertneutral ist. Die entscheidende Frage ist daher: Was fangen wir als Unternehmen mit dem gesammelten Wissen an? Das bringt uns zum einen zur Unternehmensstrategie: Wie kann das angehäufte Wissen in strategisch und taktisch erfolgreiche Unternehmensentscheidungen umgesetzt werden?

»Verstand besteht nicht nur im Wissen, sondern auch in der Fähigkeit, das Wissen in der Tat anzuwenden.«

Dies wirft die Frage der Unternehmensethik auf. Sinnvolles Wissensmanagement umfasst zum Beispiel auch Informationen über die Aktivitäten und die Lage der Konkurrenz, Gegebenheiten in der näheren und weiteren Unternehmensumgebung, die für kurzfristige Vorteile genutzt werden könnten, Methoden, die schnell größere Profite abwerfen. Es ist eine Frage der Unternehmensprinzipien, wie solches Wissen eingesetzt wird. Dabei ist es bei der heutigen Transparenz vieler Managemententscheidungen schon alleine aus Eigeninteresse des Unternehmens und der beteiligten Manager wichtig, Wissen unter dem Gesichtspunkt der langfristigen ethischen Vertretbarkeit einzusetzen.

>>*Also steht die Tugend und ebenso auch das Laster in unserer Gewalt. Denn wo das Tun in unserer Gewalt ist, da ist es auch das Laster, und wo das Nein, da auch das Ja. Wenn also das Tun des Guten in unserer Gewalt steht, dann auch das Unterlassen des Bösen, und wenn das Unterlassen des Guten in unserer Gewalt steht, dann auch das Tun des Bösen.*<<*

Daher müssen in das Wissensmanagement Regeln und Prinzipien für ein Umsetzen in strategisch erfolgreiche und moralisch vertretbare Entscheidungen integriert werden. Moral ist dabei oft eine Frage gesellschaftlicher Konventionen. Obwohl Aristoteles eine absolute Ethik vertritt, ist er sich durchaus der politischen Dimension des Rechts bewusst.

>>*Denn das Recht ist nichts anderes als die in der staatlichen Gemeinschaft herrschende Ordnung, und eben dieses Recht ist es auch, das darüber entscheidet, was gerecht ist.*<<

Nach Aristoteles' Lehre wird die Qualität des Wissensmanagements von unterschiedlichen Faktoren geprägt: Die Wirkursache ist beispielsweise die Führungsentscheidung, ein entsprechendes systematisches Management von Wissen im Unternehmen einzuführen. Je nachdem, was an Wissen in welcher Form bereits im Unternehmen vorhanden ist, welche weiteren Daten zudem leicht zur Verfügung stehen, welche informationstechnologische Infrastruktur im Unternehmen besteht, wie die Mitarbeiter zum Projekt stehen und so weiter, wird die Einführung eines solchen Systems unterschiedlich verlaufen. Das Management kann diesen Prozess also anstoßen, hat aber keine völlige Kontrolle über dessen Verlauf. Inwieweit diese Kontrolle gelingt und der Prozess effektiv verläuft, hängt dabei entscheidend von der ursprünglichen Zweckursache ab. Effektive Zielvorgaben und Spielregeln können gleichwohl den zwangsläufig teilweise unkontrollierbaren unternehmerischen Selbstorganisationsprozess in erfolgreichere Bahnen lenken.

> *»Es gibt zwei Dinge, auf denen das Wohlgelingen in allen Verhältnissen beruht. Das eine ist, dass Zweck und Ziel der Tätigkeit richtig bestimmt sind, das andere aber besteht darin, die zu diesem Endziel führenden Handlungen zu finden.«*

Das gesammelte Wissen muss dann durch eine entsprechende Logik korrekt ausgewertet und im Rahmen von vertretbaren ethischen Prinzipien richtig genutzt werden. Auf diese Weise kann das Unternehmen sowohl die aristotelische Tugend des Verstandes als auch die Tugend des Charakters zum Tragen bringen.

Gerade im Zeitalter des Internets versuchen Unternehmen, alle Besucheraktivitäten auf ihren Websites gnadenlos mitzuloggen, müssen aber gleichzeitig aufpassen, dass der Schuss nicht nach hinten losgeht, wenn etwa Datenschutzrichtlinien oder auch nur Konsumenteninteressen missachtet werden. Das musste ein Internetprovider in den USA schmerzhaft erfahren. Die Tatsache, dass er alle Internetaktivitäten seiner Kunden klammheimlich speicherte, wurde plötzlich über CNN halbstündlich bekannt gegeben. Und dabei ging es noch nicht einmal um die Frage der Datenauswertung – da gab man sich auf Seiten des Providers ganz unschuldig. Allein die als »unethisch« empfundene Speicherung stellte das Unternehmen bereits vor massive PR-Probleme.

Bei der Entscheidung, welches Wissen gesammelt und wie es

ausgewertet werden muss, sollte man Aristoteles' Warnung nicht vergessen.

> *»Das eine ist der Gottheit selbst verwehrt: das was getan ist, ungeschehen zu machen.«*

Wissen ist für Aristoteles aber erst dann wertvoll, wenn es zu der Erkenntnis von Ursachen führt. Das Sammeln von Wissen und Erfahrung im Unternehmen ist deshalb nur dann effektiv, wenn es ein Verständnis der zugrunde liegenden Ursachen ermöglicht,

> *»Dennoch glauben wir, dass Wissen und Verstehen mehr der Kunst zukomme als der Erfahrung und halten die Künstler für weiser als die Erfahrenen, da Weisheit einen jeden mehr nach dem Maßstabe des Wissens begleite. Und dies deshalb, weil die einen die Ursache kennen, die anderen nicht. Denn die Erfahrenen kennen nur das Dass, nicht das Warum; jene aber kennen das Warum und die Ursache.«*

Derjenige, der Daten nicht nur sammelt und auswertet, sondern auch die Ursachen versteht, die hinter den Daten stehen, ist erst optimal in der Lage, Lösungen für Probleme zu finden. Dies ist jedoch oft ein schwieriger Prozess und erfordert entsprechend talentierte Mitarbeiter. Wenn es darum geht, Ursachen ausfindig zu machen und effektive Lösungen zu finden, dann ist in besonderem Maße die menschliche Kreativität und Innovationskraft gefragt. Deshalb kann keine Technik den analytisch brillanten und hoch kreativen Menschen ersetzen. Die Frage der Qualität des Wissensmanagements ist auch eine Frage der Qualität der Manager und Mitarbeiter.

Führung ist auch im Bereich des Wissens nicht nur eine Methodik, sondern eine Kunst. Und der Erwerb echten Wissens geht nicht selten Umwege.

»*Die Menschen, die den richtigen Weg gehen wollen, müssen auch von Irrwegen wissen.*«

»*Zur Wahrscheinlichkeit gehört auch, dass das Unwahrscheinliche eintritt.*«

»*Wer recht erkennen will, muss zuvor in richtiger Weise gezweifelt haben.*«

Zuletzt sollte man beim Wissensmanagement die Bedeutung der Motivation nicht vergessen. Gerade in diesem für die Unternehmenszukunft entscheidenden Bereich gilt es eine packende Vision zu entwickeln, welche die Mitarbeiter begeistert und den effektiven Umgang mit Wissen zu einer Priorität im Unternehmensalltag werden lässt.

»*Der Anfang aller Erkenntnis ist Staunen.*«

Der Einfluss von Aristoteles auf die westliche Wissensentwicklung ist enorm und kann hier nicht umfassend abgehandelt werden. Denn kaum ein heutiges Wissensgebiet hat nicht irgendeinen historischen Bezug zu aristotelischen Ideen. Und die Denkanstöße, die uns Aristoteles auch heute noch für das moderne Wissensmanagement liefern kann, sind enorm und können uns helfen, die Qualität unserer Systeme und Methoden entscheidend zu verbessern.

HERAKLIT
Die GLOBALISIERUNG des WANDELS

Wer die Ursprünge der westlichen Ideengeschichte analysiert, stößt neben Sokrates, Platon und Aristoteles auf eine Reihe von Philosophen, die gemeinhin als »die Vorsokratiker« bezeichnet werden. Zu dieser Gruppe gehört Heraklit von Ephesos (ca. 540–480 v. Chr.).

Heraklit stammt aus einem alten Königsgeschlecht, das auf den Gründer der Kolonie von Ephesos zurückgeht. Als erstgeborener Sohn erbt er königliche Privilegien und hat das Anrecht auf das Ehrenamt des Priesterkönigs, das er allerdings an seinen jüngeren Bruder abtritt. Ebenfalls lehnt er eine Einladung an den Hof des herrschenden Perserkönigs Darius ab. Er ist er ein überzeugter Anhänger der Aristokratie und zieht sich nach Einführung der Demokratie in Ephesos auf seinen Landsitz zurück. Trotzdem wird er nach seinem Tod auf dem Marktplatz von Ephesos beigesetzt und sein Bild ist noch Jahrhunderte auf den Münzen von Ephesos zu sehen.

Heraklit nimmt eine besondere Stellung unter den griechischen Philosophen ein. Sein Buch ist eines der meistzitierten Werke der Antike, und sein Modell der Natur und des Universums ist die Grundlage für die nachfolgenden westlichen Ideen zur Physik und Metaphysik. Seine Vorstellung von einem Universum, das ständigen Veränderungen unterliegt und dabei bestimmten Gesetzmäßigkeiten folgt, stellt eine elementare Grundlage der westlichen Weltsicht dar. Die alten Griechen betrachten ihn daher auch als einen ihrer wichtigsten Philosophen.

Seit dem Beginn der wissenschaftlichen Revolution haben seine Lehren erneut viel an Aktualität gewonnen. Er beeinflusst das dichterische Denken von Goethe, Novalis und Hölderlin und prägt Philosophen wie Nietzsche und Heidegger. Hegel betont sogar, dass er im Prinzip alle Aussagen von Heraklit (in ihrer philosophischen Bedeutung) voll unterstützen könne und macht Heraklits Lehre von den Gegensätzen zur Grundlage seiner dialektischen Philosophie.

Auch in der modernen Managementliteratur nimmt Heraklit einen besonderen Platz unter den griechischen Philosophen ein und ist einer der am häufigsten zitierten Denker. Heraklits Schrift zählt zu den ältesten Monumenten der griechischen Prosa und ist bis heute in Fragmenten erhalten. Heraklit schreibt absichtlich in einer schwer verständlichen Weise, weil nur die fähigsten Geister ihn verstehen und die Massen keinen Ansatzpunkt für ignoranten Spott finden sollten. Sokrates sagt über Heraklit:

> »Die Konzepte, die ich verstehe, sind vortrefflich. Ich glaube aber, dass auch die Konzepte, die ich nicht verstehe, vortrefflich sind. Der Leser muss aber ein ausgezeichneter Schwimmer sein,... wenn er in diesen Büchern nicht ertrinken will.«

Panta rhei – Alles fließt

Platon hat Heraklits Weltsicht mit dem berühmten Ausspruch *panta rhei* – alles fließt beschrieben. Für Heraklit befinden sich alle Dinge in einem fortwährenden Fluss. Seiner Ansicht nach ist unsere Welt ständigen Veränderungen unterworfen. Die einzige Gewissheit ist der endlose Wandel. Dort, wo wir Beständigkeit zu erkennen glauben, täuschen uns unsere Sinne. Permanenz ist nur eine Illusion. Aber nicht nur unsere Umwelt, auch wir selbst befinden uns in einem fortlaufenden Prozess der ständigen Veränderung.

»Du kannst nicht zweimal in denselben Fluss steigen.«

Wir sprechen immer ganz bestimmt von »dem Rhein« und »der Donau«. Aber steigen wir einige Tage später wirklich in den gleichen Fluss? Nicht wirklich, meint Heraklit. Die Wasser, die uns bei unserem ersten Ausflug in den Fluss umfließen, werden wir später nie wieder antreffen. Der Inhalt des Flusses ändert sich ständig, auch wenn der Fluss immer in dem gleichen Bett fließt. Und wir selbst steigen in den Fluss einige Tage später zweifellos älter und hoffentlich ein wenig weiser. Das Paradoxon, dass die gleiche Person in den gleichen Fluss steigt, aber trotzdem alles anders ist als früher, ist eine der grundlegenden Beobachtungen und Analogien von Heraklit. Doch nicht nur unsere Umwelt ändert sich ständig. Auch die Menschen, mit denen wir in engem Kontakt leben, sind einem beständigen Veränderungsprozess unterworfen.

»Bei einem Fluss ist es nicht möglich zweimal hineinzusteigen in denselben – auch nicht ein sterbliches Wesen zweimal zu berühren und zu fassen im gleichen Zustand – es zerfließt und wieder strömt es zusammen und kommt her und geht fort.«

Es ist das Verdienst von Heraklit, unseren Sinn für die Tatsache zu schärfen, dass wir nur allzu leicht der Illusion der Permanenz unterliegen. Hier geht es uns wie dem Frosch, der in einem Wasserbehälter, dessen Temperatur man erhöht, sitzen bleibt, bis das Wasser schließlich zum Kochen kommt. Auch wir bemerken die unmerklichen kleinen Veränderungen – gerade bei den Menschen unseres engsten Umfelds – häufig lange Zeit nicht. Privat und beruflich kann das zu so manchen Problemen und Überraschungen führen.

Für Heraklit besteht die Welt aus einer endlosen Reihe von Gegensätzen und Konflikten, die erst in ihrer gegenseitigen Ergänzung zum kompletten Weltverständnis führen. Hegel greift später dieses Konzept von Heraklit auf und erklärt die Verschmelzung von These und Antithese zur Synthese zum Ideal. Für Heraklit offenbart sich der göttliche Wille in der verborgenen Einheit der Gegensätze.

>*»Das Widerstreitende ist vorteilhaft, und aus dem Wesensverschiedenen erwächst die schönste Harmonie, wie eben alles aus Gegensätzlichem entsteht.«*

Als Symbol für diesen immerwährenden Wandel und den fortdauernden Konflikt der Gegensätze in unserer Welt wählt Heraklit das Feuer. Das gesamte Weltall brennt seiner Überzeugung nach im Feuer der ständigen Veränderung. Aber auch in den weniger spektakulären Veränderungsprozessen, denen wir und unsere Umwelt tagtäglich unterworfen sind, sieht Heraklit eine Ähnlichkeit zur Wirkung des Feuers. Das wahre Feuer der Veränderung brennt meist unterschwellig, wir können uns durchaus über einen längeren Zeitraum in Sicherheit wiegen. Das Endresultat des unterschwelligen Feuers der Veränderung ist aber genauso gravierend wie die Auswirkungen einer Feuersbrunst. Das Feuer als Grundprinzip der Weltordnung sorgt für stetigen Wandel, ein permanentes Werden und Vergehen, eine Welt, in der die einen für eine Zeit lang emporsteigen, während andere untergehen.

>*»Der Weg aufwärts und der Weg abwärts ist ein und derselbe.«*

Die Tatsache, dass das Feuer das Ursprungsprinzip alles Seienden ist, bedeutet aber nicht, dass die Welt chaotisch und ungeordnet ist. Vielmehr bestimmt der *Logos*, der göttliche Geist, die Gesetzmäßigkeit der Veränderungsprozesse. Das Walten dieses Logos in seiner gesamten Fülle zu erkennen, ist für Heraklit das höchste Ziel.

»*Die Weisheit ist das Eine: Den Gedanken zu kennen,
durch den alle Dinge durch alles geleitet werden.*«

Heraklit für die Managementpraxis

In einem Artikel zur Cebit 1996 titelte die *Computerwoche:* »Alles
fließt: Heraklit Goes Business Process Management«. In der Tat:
All die Manager, die sich hauptsächlich mit Strukturen und Funk-
tionsbeschreibungen befassen, hätten es seit Heraklit besser wissen
müssen: Das »Business« ist ein Prozess, der ständigen Veränderungen unterliegt, und der gute Manager ist derjenige, dem es gelingt,
diese Veränderungen in erfolgreiche Bahnen zu lenken.

Mit der Betonung der Veränderung und des Wandels im modernen Management geht auch eine entsprechende Wertschätzung für
Heraklit einher. »Heraklit im Management« heißt ein Seminar-
thema, Heraklit-Zitate erscheinen auf den Hochglanzbroschüren
von Werbeagenturen und Marketingfirmen, eine Unternehmensberatung wählt sogar PANTA RHEI als Namen. »Mit dieser Aussage
[alles fließt] wird die Bedeutung des Werdens – im Gegensatz zum
Sein – hervorgehoben, die Priorität der Abläufe vor den Zuständen,
des Ertrags vor der Substanz festgehalten«, begründet man bei dieser Unternehmensberatung die philosophische Arbeitsgrundlage.
Ein Seminar für junge Führungskräfte der Universität Trier beruft
sich auf Heraklit und schließt: »In einer Zeit, in der Wandel die einzige Konstante ist, müssen in jeder Organisation permanent Abläufe angepasst werden.«

Heraklit liefert aber nicht nur passende Slogans für Anbieter
von Dienstleistungen rund ums Thema »Change Management«. Er
bietet uns substanziell relevante Einsichten in die Art und Weise,
wie wir den ständigen Veränderungen unseres Lebens begegnen
sollten.

»Die Sonne ist jeden Tag neu.«

Selbst die Sonne durchläuft so viele Veränderungen, Protuberanzen und Turbulenzen während unseres nächtlichen Schlafes, dass wir jeden Morgen in der Tat einer »neuen« Sonne entgegenblicken. Ständiger Wandel bedeutet aber auch stetig neue Chancen und Herausforderungen: Dort, wo sich alles permanent ändert, müssen wir nicht an der angeblichen Unüberwindbarkeit von historischen oder persönlichen Gegebenheiten scheitern. Im Fluss der Veränderung bietet uns jeder Tag eine neue Chance. Allerdings ändern sich oft auch die positiven Umstände quasi über Nacht. Entsprechend sollten wir immer auf Veränderungen gefasst sein. Kein noch so großer Erfolg sollte uns dazu verleiten, uns allzu lange in Sicherheit zu wiegen. Es muss bewusst bleiben, dass wir im Fluss der Dinge stets mehr Chancen vergeben, als wir je wahrnehmen können.

»Das Wesen der Dinge hat die Angewohnheit, sich zu verbergen.«

Denn insbesondere Chancen sind oftmals schwer zu erkennen. Sie kommen meist unerwartet und erfordern eine zumindest latente Erwartungshaltung, wenn wir den richtigen Zeitpunkt ihres Ergreifens nicht verpassen wollen. Goethe nimmt Heraklits Gedanken auf, wenn er sagt: »Man sieht nur, was man weiß.« Der erste Schritt zur Wahrnehmung von Chancen ist das Wissen, dass der Aufmerksame mehr Chancen wahrnehmen wird als der Unachtsame.

»Wenn du das Unerwartete nicht erwartest, wirst du es auch nicht finden; denn es ist schwer zu entdecken.«

Obwohl Heraklit nicht nach gesellschaftlichen Ehren strebt, glaubt er an die Bedeutung von Eliten für das Wohlergehen der Gemeinschaft. Für ihn sind es vor allem die herausragenden Geister, die die menschliche Zivilisation voranbringen, während die breite Masse seiner Meinung nach vor allem auf kurzlebige Vergnügungen erpicht ist und dadurch nur wenig zum Gemeinwohl beiträgt.

>*Der eine ist mir so viel wert wie Zehntausend, wenn er der Beste ist.*«

Die »politisch korrekte« Sicht favorisiert die Nivellierung. Vor allem wertet sie die Bereitschaft zur reibungslosen Teamarbeit höher als die persönliche Kompetenz. Wenn solche Tendenzen zum *Mittelmäßigkeitskartell* ausarten, wie es vor einigen Jahren ein Buchtitel auf den Nenner brachte, dann gewinnt Heraklit vielleicht auch bei diesem Thema an neuer Aktualität.

>*Die verborgene Harmonie ist besser als die offene.*«

Die wirklich relevanten Verbindungen und Beziehungen zwischen Menschen, Dingen und Ereignissen sind oft schwer zu erkennen. Was auf den ersten Blick offensichtlich erscheint, ist oft nur die Oberfläche, die einer intensiven Untersuchung nicht standhält und somit nicht von langfristiger Relevanz ist. Eine anscheinend relativ homogene Belegschaft ist noch keine Gewähr für Harmonie und Ruhe. Das Thema »Diversity« ist momentan in den USA aktuell: Gerade dort, wo Mitarbeiter unterschiedlicher Herkunft und Hintergründe zusammen arbeiten, eröffnen sich besondere Entwicklungspotenziale für das Unternehmen, wenn die Führungskräfte in der Lage sind, diese Unterschiede auf einer tieferen Ebene zu einer schlagkräftigen Harmonie zu vereinen.

>*Viel Wissen bedeutet noch nicht Verständnis.*«

Gerade in unserer Zeit der Informationsüberflutung, die das Internet bietet, wird das Aufspüren der relevanten Informationen und das Verständnis des Gefundenen in seiner Bedeutung für die eigenen Entscheidungen zu einer der Kernaufgaben des modernen Managements.

Auf einer tieferen Ebene versteht Heraklit unter Verständnis die

Einsicht in die Gesetzmäßigkeiten, die allen Veränderungen und den Informationen, die wir über sie gewinnen können, zugrunde liegen. Für den Manager bedeutet das zumindest, dass er mit den Prinzipien des Change Managements vertraut sein sollte. Weil er diese Prinzipien tagtäglich anwenden muss, kann er diese Expertise nicht gänzlich externen Experten überlassen. Zwar ergibt es Sinn, für spezifische Change-Management-Projekte erfahrene Berater hinzuzuziehen. Aber permanenter Wandel ist eine alltägliche Managementrealität und muss von den jeweiligen Führungskräften eigenverantwortlich sinnvoll und effektiv gehandhabt werden. Langfristig wird dies zur kulturellen Aufgabe. Eine veränderungsfeindliche Organisationskultur hätte laut Heraklit langfristig keine Erfolgschancen, denn sie steht im Widerspruch zum grundlegenden natürlichen Prinzip:

>*Es gibt nichts Dauerhaftes außer der Veränderung.*«

Nach Heraklit ist dies eine dem Leben inhärente Tatsache, der wir alle in unserem persönlichen und professionellen Denken und Handeln gerecht werden müssen. Nur wenn wir diese Tatsache berücksichtigen, werden wir auch in der Zukunft erfolgreich sein. Es bringt nichts, die natürlichen Gegebenheiten unserer Welt zu leugnen. Besser ist es, unsere Entscheidungen und Methoden den tatsächlichen Realitäten anzupassen.

>*Das Denken ist der größte Vorzug, und die Weisheit besteht darin, die Wahrheit zu sagen und nach der Natur zu handeln, auf sie hinhörend.*«

Letztendlich gibt es aber auch für Heraklit den Aspekt der Persönlichkeit, den wir als Anker im Fluss der Veränderungen nutzen können. Wir sind den Veränderungen und Abläufen nicht wehrlos ausgeliefert. Wir können zumindest unsere Reaktion auf die äußeren Umstände bestimmen und damit oft mehr Einfluss auf den Verlauf der Ereignisse nehmen, als uns bewusst ist.

»Charakter ist Schicksal.«

Die Umstände und die äußeren Veränderungsprozesse bestimmen jedoch nicht ausschließlich unsere Zukunft. Es sind vor allem die inneren Abläufe, die einen starken Einfluss auf unser Leben ausüben, und zwar nicht nur in persönlicher Hinsicht. Auch das Schicksal eines Unternehmens hängt in großem Maße von dessen Kultur und »Charakter« ab.

So schärft Heraklit nicht nur unser Verständnis für die Veränderlichkeit und den Wandel der Dinge. Er weist uns auch darauf hin, dass es an uns liegt, mit Weisheit auf die Veränderungen in unserem Umfeld zu reagieren und unseren formellen oder informellen Einfluss dazu zu nutzen, andere in diesem Sinne zum Wohle der Gemeinschaft (oder des Unternehmens) anzuleiten.

LAOTSE
Der rechte WEG der FÜHRUNG

Laotse, auch Lao-tse, (ca. 570–490 v. Chr.) gilt als der Begründer des Taoismus, einer der einflussreichsten chinesischen Philosophierichtungen. Über das Leben des Laotse (eigentlich kein Name, sondern ein Titel: »der alte Meister«) ist nur wenig bekannt. Eine Zeitlang soll er Archivar am kaiserlichen Hof gewesen sein, diesen aber später wegen der Hoffnungslosigkeit der öffentlichen Zustände und der zunehmenden Korruption im Staatswesen verlassen haben. Beim Verlassen des Landes wird er angeblich von einem Zöllner gebeten, seine Lehren aufzuschreiben. Danach verfasst er der Legende nach die 81 Gedichte des Tao Te King (Buch vom Sinn und Leben), händigt sie dem Zöllner aus und verschwindet auf Nimmerwiedersehen über die Landesgrenzen.

Nach Meinung vieler Gelehrter ist das Tao Te King wahrscheinlich erst um das Jahr 300 v. Chr. niedergeschrieben worden und wohl das Produkt mehrerer Autoren. Ungeachtet dessen gilt Laotse aber als eine der Hauptquellen der mündlichen Überlieferung, auf der das Tao Te King fußt und damit als der Begründer des Taoismus.

Im Tao Te King wird wie im Konfuzianismus die Selbstsucht der Herrscher der Zeit getadelt. Es stellt aber auch zum rigorosen Moralismus und Traditionalismus des Konfuzius einen klaren Gegenpol dar.

»Geht der große Sinn zugrunde,
dann gibt es Sittlichkeit und Pflicht.
Kommen Klugheit und Wissen auf,
so gibt es die großen Lügen.
Werden die Verwandten uneins,
so gibt es Kindespflicht und Liebe.
Geraten die Staaten in Verwirrung,
so gibt es die treuen Beamten.«

Für Laotse ist die strikte Ordnung, die zu fast gleicher Zeit Konfuzius propagiert, ein schwacher Abglanz dessen, was an gesellschaftlicher Blüte durch das Folgen des rechten Weges (Tao) möglich wäre. Wenn den Menschen das Bewusstsein für den Sinn des Lebens abhanden kommt, klammern sie sich an die gesellschaftlichen Normen als Richtschnur. Auf Pflichterfüllung und Loyalität wird nur dort gepocht, wo die natürlichen, gesunden Tendenzen verloren gegangen sind und nun durch äußere Regeln wie Kindespflicht oder Beamtentreue ersetzt werden müssen.

Der wahre, absolute Weg

Laotse und seine Anhänger glauben, dass der Mensch von Natur aus den Weg zur Vervollkommnung in sich trägt. Würden alle Menschen dieser inneren Richtung folgen, dann wären keine Pflichten und Gebote erforderlich, denn die Menschen würden sich auf natürliche Weise positiv entwickeln, und das Gemeinwesen wäre in der Folge in einem Zustand völliger Ordnung. Das Erstarken von Moralismus ist ein Zeichen dafür, dass die natürliche Harmonie und Menschlichkeit verloren gegangen sind. Der Edle kann sich in dieser Situation nur zurückziehen, denn nicht durch das Tun, sondern durch das Lassen wird der natürliche Urzustand wieder ermöglicht.

Darum ist ein abgeklärtes Leben ideal, das sich am absoluten Tao, dem wahren Weg, orientiert und in seinen Grundprinzipien durch das Beobachten der Abläufe in der Natur verstanden werden kann. Traditionelle Überlieferungen sind dagegen oft irreführend, weil sie unsere natürliche Tendenz behindern, im harmonischen Einklang mit dem Tao zu leben.

Das Ideal des Taoismus ist nicht die gezielte Schaffung einer idealen Gesellschaft, sondern das Erreichen von Einheit und Übereinstimmung mit dem Tao, was letztendlich zu einer Überwindung von gesellschaftlichen Übeln und zu einem glücklichen und sorgenfreien Leben führen wird. Das Grundprinzip des Taoismus ist die Bereitschaft, den Dingen ihren guten, natürlichen Lauf zu lassen und mit Spontaneität und Sorglosigkeit auf die Ereignisse des Lebens zu reagieren. So glauben die Taoisten etwa, dass man umso länger leben wird, je weniger man sich vor dem Tod – der letztlich ein Teil der natürlichen Abläufe ist – fürchtet.

Durch die natürlichen Prozesse gehen die Gegensätze des Lebens ständig ineinander über. Aus dieser Denkweise resultiert das bekannte Symbol von Yin und Yang, welches das weibliche Prinzip (Erde, Wasser, Winter) und das männliche Prinzip (Himmel, Feuer, Sommer) als Einheit miteinander verwobener Gegensätze darstellt. Wer dieses Prinzip verinnerlicht, kann in Harmonie mit unserer Welt der ständigen Veränderungen leben.

Dabei sollte das Individuum so weitgehend wie möglich die gesellschaftlichen Vorschriften ignorieren und sich allein um Harmonie mit dem Tao bemühen. Das bedeutet vor allem ein gezieltes »Nichtstun« in dem Sinne, dass nichts Künstliches und Unnatürliches unternommen wird, um den natürlichen Fluss der Dinge zu behindern. Wer spontan den höheren Impulsen seiner eigenen Natur folgt, wird eine Vereinigung mit dem Tao erreichen, woraus ihm große mystische Kraft erwächst.

Für den Führungsbereich bedeutet dies in erster Linie das Prinzip der Nichteinmischung. Ein Herrscher sollte im Hintergrund wirken und möglichst den natürlichen Entwicklungen ihren freien Lauf lassen. Seine Hauptaufgabe besteht darin, dem Prinzip des Tao in seinem Verantwortungsbereich möglichst viel Unterstützung und Freiraum zu gewähren. Gerade das Tao Te King ist auch als Führungsanleitung gedacht: Jeder Herrscher sollte mit Weisheit und Zurückhaltung agieren. Je weniger Aufmerksamkeit er auf sich lenken würde, umso erfolgreicher wäre seine sanfte Regentschaft.

Der Taoismus hat großen Einfluss auf die anderen asiatischen Kulturen, besonders in Vietnam, Japan und Korea.

Der natürliche Fluss des Managements

Angesichts der gegenwärtigen Entwicklungen im Management klingen die Grundsätze des Tao erstaunlich modern. Heutzutage gehört es zu den wichtigsten Führungsaufgaben, eine beständige Anpassung des Unternehmens und seiner Mitarbeiter an die sich permanent verändernden Marktbedingungen zu fördern. Wenn außerdem das gesamte Wissens- und Innovationspotenzial der Mitarbeiter größter Erfolgsfaktor eines Unternehmens ist, verspricht eine sanfte, kreativitätsfördernde Anleitung mehr Erfolg als eine strikte, kodifizierte Kontrolle. So beruht etwa der Erfolg der Teams in japanischen Unternehmen, deren Prinzip die Selbstorganisation ist, weitgehend auf taoistischer Philosophie.

In der Tat sind die Zeiten so komplex geworden, dass es kaum mehr möglich ist, langfristige Strategien zu entwerfen und mit rigiden Regeln zu führen. Stattdessen ist hohe Flexibilität bei der Nutzung der sich immer neu bietenden Nischen gefragt. Oft ist es nicht nur sinnvoll, die eigenen Mitarbeiter, sondern auch Kunden und Geschäftspartner (etwa die Zulieferer) an der Entwicklung von Marketing- und Nischenstrategien zu beteiligen. Unternehmen, die sich diesen modernen Strömungen widersetzen, bleiben leicht auf

der Strecke und verschwenden oft nur wertvolle Energien für sinn-
lose Manipulationsversuche. Besser ist es, neuen Entwicklungen
möglichst ihren Lauf zu lassen und dabei die beständig auftauchen-
den Marktchancen schnell und kreativ zu nutzen. In diesem Sinne
stimmen viele moderne Managementideen mit den Lehren des Laotse überein. Ein guter Manager führt zurückhaltend und dezent.
Er ist ein Teamplayer, der anderen hilft, ihr Potenzial möglichst un-
gehindert zum Wohl des Unternehmens einzusetzen.

> *»Das ist der beste Führer, dessen Leute sagen, wenn er
> sie ans Ziel geführt hat: ›Wir selbst haben den Erfolg
> zustande gebracht.‹«*

> *»Wer Menschen führen will, muss hinter ihnen ge-
> hen.«*

Gerade in Situationen, wo durch ein Eingreifen der natürliche Fluss
der Ereignisse behindert würde, gilt der Grundsatz: »Weniger ist
mehr.«

> *»Nichtstun ist besser, als mit viel Mühe nichts schaf-
> fen.«*

Wer sich bewusst und mit Bescheidenheit zurücknimmt, erreicht
damit häufig mehr, als derjenige, der mit allen Mitteln die Führung
an sich zu reißen sucht.

> *»Warum ist das Meer der König aller Flüsse und Strö-
> me? Weil es niedriger liegt als sie.«*

Das heißt nicht, dass gute Führung oder gutes Management passiv
sein sollte. Ein Manager sollte zwar die natürlichen Abläufe nicht
unnötig behindern, er darf aber auch nicht untätig den falschen
Dingen ihren Lauf lassen.

> *»Verantwortlich ist man nicht nur für das, was man
> tut, sondern auch für das, was man nicht tut.«*

Eine besondere Rolle in Führungssituationen spielt das gegenseitige Vertrauen. Ohne Vertrauen gibt es keine Gelassenheit. Und ohne Gelassenheit ist die Versuchung groß, ständig einzugreifen, statt den guten Entwicklungen ihren Lauf zu lassen. Deshalb ist der Aufbau einer unternehmensinternen »Vertrauenskultur« ein entscheidender Erfolgsfaktor.

> »Wo das Vertrauen fehlt, spricht der Verdacht.«

Gerade in der neuesten Managementliteratur wird wieder verstärkt auf diesen Zusammenhang hingewiesen. So wählte Reinhard K. Sprenger für sein neuestes Buch den Titel *Vertrauen führt*. Darin verweist er auf die besondere Bedeutung eines Vertrauensverhältnisses für das Erreichen der heute erforderlichen Reaktionsschnelligkeit (siehe A. Drosdek (1996): *Credibility Management: Durch Glaubwürdigkeit zum Wettbewerbsvorteil*).

> »Wahre Worte sind nicht schön. Schöne Worte sind nicht wahr.«

Laotse hielt dabei nichts von schönen Ritualen und Reden, die keinen echten Nutzwert haben. Er lehrt, dass die Wahrheit oft unangenehm sein kann und gesellschaftlichen Konventionen zuwiderläuft.

> »Alles, was gelehrt werden kann, ist nicht der Mühe wert, gelernt zu werden.«

»Die wichtigsten Dinge im Geschäft stehen nicht in den Lehrbüchern. Man kann sogar sagen, dass etwas umso wichtiger ist, je weniger es dort erwähnt wird. Beispiel: das Geschäftsessen«, bemerkt der Managementberater und frühere Marketingprofessor Hermann Simon zum Managementalltag.

> »So ist das Sichtbare zwar von Nutzen, doch das Wesentliche bleibt unsichtbar.«

Die Wahrheit ist nicht so sehr eine Frage des Übernehmens traditioneller Sichtweisen. Vielmehr sollte ein jeder die Kraft des Taos persönlich erfahren. Dabei gilt es aber auch, unnötige Konflikte zu vermeiden oder im taoistischen Sinne zu lösen.

>*Gewalt zerbricht an sich selbst.*«

>*Wo zwei zusammenstoßen, siegt der Besonnenere.*«

Wer vorankommen will, darf sich nicht einseitig auf das Überwinden echter oder angeblicher äußerer Widerstände konzentrieren. Viel wichtiger ist es, an sich selbst zu arbeiten und sich selbst mit dem rechten Weg, dem Tao, in Einklang zu bringen. Erst aus dieser harmonischen Übereinstimmung mit den Realitäten unseres Lebens erwächst dann die entsprechende Kraft zur Überwindung von widrigen Umständen.

>*Wer andere besiegt, ist stark. Wer sich selbst besiegt, hat Macht.*«

>*Nichts ist besser als Selbstbeherrschung.*«

>*Andere erkennen ist weise. Sich selbst erkennen ist Erleuchtung.*«

>*Zu wissen, was man nicht weiß, ist der beste Teil des Wissens.*«

Ein Mensch sollte sich vor allem seiner eigenen Begrenztheit bewusst sein und gezielt daran arbeiten, den eigenen Horizont ständig zu erweitern. Gerade in Zeiten des Erfolgs ist aber die Versuchung groß, nachlässig zu werden. Nach Laotse ein fataler Fehler.

>*Wer sich am Ziel glaubt, geht zurück.*«

Der entscheidende Faktor zu wahrer Erkenntnis ist das genaue Beobachten der natürlichen Zusammenhänge. Das Tao wirkt überall um uns herum. Deshalb können seine Auswirkungen von dem Aufmerksamen auch überall wahrgenommen werden.

»Dinge wahrzunehmen ist der Keim der Intelligenz.«

»Man kann die Welt kennen, ohne je sein Haus zu verlassen.«

In diesem Sinne kann man auch im eigenen Unternehmen durch eine aufmerksame Analyse der Erfolge und Misserfolge, der Stärken und Schwächen und der täglichen Abläufe viele Erkenntnisse über die Grundprinzipien des Führens im Allgemeinen gewinnen. Deswegen kann man Managementerfahrung aus einem Bereich auf einen anderen übertragen. Erfahrene Führungskräfte wissen, dass dies ein wichtiger Erfolgsfaktor in ihrem Beruf ist. Dieser Lernprozess ist am effektivsten, wenn Erfahrungen bewusst gesammelt werden. Denn es ist dem Unaufmerksamen auch möglich, viele Jahre lang Führungsaufgaben wahrzunehmen, ohne viel daraus zu lernen, was der meist mäßige Erfolg dann auch offenbart.

Sowohl Laotse als auch Konfuzius schöpfen aus dem Gedankengut des alten China. Manchmal legen sie die Betonungen auf jeweils Unterschiedliches und spiegeln dabei entgegengesetzte Positionen wider. An anderer Stelle existiert aber auch offensichtliche Gemeinsamkeiten. In der chinesischen Kultur existiert eine lange Tradition des Zusammenführens paradoxer Prinzipien. Westliche Manager können einerseits vom Verständnis der chinesischen Denkweise im Umgang mit asiatischen Geschäftspartnern profitieren. Sie können aber auch von beiden Denkern wichtige Denkanstöße für den eigenen Führungsalltag gewinnen. Für Laotse ist das Ideal der Erleuchtete, der in seinem eigenen Leben eine solche Harmonie mit dem Tao hergestellt hat, dass er zum vollen Bewusstsein von dessen Kraft erwacht ist. Diese Kraftquelle prädestiniert ihn zu einer idealen Führungsrolle:

> »*Also der Erwachte: Weil er nicht scheinen will, leuchtet er. Weil er von sich absieht, wird er beachtet. Weil er nichts für sich will, hat er Erfolg. Weil er nichts aus sich macht, hat er Macht. Weil er nicht widersteht, widersteht ihm nichts.*«

KONFUZIUS
ERFOLGSFAKTOR HARMONIE

Wer Konfuzius (ca. 551–479 v. Chr.) nicht kennt, dem wird es kaum möglich sein, die chinesische Denkweise zu verstehen. Zu tief sind die Lehren und Ansichten dieses Philosophen in der chinesischen Psyche verankert. Ohne Übertreibung kann man Konfuzius als den einflussreichsten Lehrer der chinesischen Geschichte bezeichnen. Christliche Missionare latinisierten seinen chinesischen Namen (Kung-fu-tse), der »Meister Kung« bedeutet.

Obwohl die Mythenbildung um sein Leben enorm ist, werden folgende Angaben in der Regel für korrekt gehalten: Er entstammt einem alten, aber verarmten chinesischen Adelsgeschlecht. In sehr jungen Jahren verliert er seinen Vater. Er genießt eine gute Erziehung und erlernt die üblichen sechs Künste des chinesischen Adels (unter anderem Bogenschießen, Schreiben und Rechnen). Mit 19 Jahren heiratet er und übt eine Reihe niedriger Ämter aus, etwa als Aufseher über die öffentlichen Getreidespeicher. Bereits kurze Zeit später gründet Konfuzius seine erste eigene Schule, in der er besonderen Wert auf das Bewahren und Vermitteln ehrwürdiger Traditionen legt. Etwa um 518 v. Chr. reist er als Erzieher zweier adliger Kinder ins Fürstentum Dschou. Dort soll es zu einer Begegnung mit Laotse gekommen sein, der Konfuzius' Wiederbelebung der alten Traditionen und die Lehre von der Harmonie, beispielsweise zwischen dem Individuum und der Gesellschaft, als zentralem

Handlungsprinzip, kritisiert haben soll. Konfuzius aber hält beharrlich an seiner Wertschätzung der Traditionen fest. Er erwirbt großes Ansehen und wird als vorbildlicher »Edler« angesehen. Er übernimmt einige öffentliche Ämter: als Stadtgouverneur von Dschung-du, und ab 498 v. Chr. ist er für einige Jahre Justizminister seines Heimatstaates Lu. Diese Positionen geben ihm die Möglichkeit, seine Vorstellungen von einer gerechten öffentlichen Ordnung gemäß den alten Traditionen umzusetzen. Er ist dabei so erfolgreich und bewirkt in nur wenigen Jahren nie gesehenen Wohlstand in Lu, dass sich die Nachbarstaaten in ihrem Einfluss bedroht fühlen. Diese zetteln politische Intrigen an, die dazu führen, dass Konfuzius seine Ämter schließlich aufgibt. Danach ist er ungefähr 15 Jahre mit einigen seiner loyalsten Schüler auf Wanderschaft, immer auf der Suche nach einem gerechten Herrscher, der es ihm erneut ermöglichen würde, seine Überzeugungen im Staatswesen zu verwirklichen.

Ungefähr 483 v. Chr. kehrt Konfuzius enttäuscht in seinen Heimatstaat zurück. Er hat keinen Herrscher gefunden, der sich zum Wohle der Allgemeinheit seinen rigorosen moralischen Ansprüchen unterworfen hätte. In seiner Heimat wird er zwar geehrt, bleibt aber ohne öffentliches Amt. Bis zu seinem Tode widmet er sich der Neufassung der traditionellen heiligen Bücher und der Ausarbeitung und Kommentierung der ehrwürdigen chinesischen Überlieferungen.

Konfuzius gilt als der erste Denker in der chinesischen Geschichte, der daran glaubt, dass allen Menschen eine Erziehung zuteil werden solle, und der den Beruf des Lehrers als bewusste Lebensweise etabliert. Er sah seine Lebensaufgabe nicht darin, neue gesellschaftliche Regeln und Prinzipien einzuführen, sondern verstand sich als Vermittler zwischen der Weisheit der Vergangenheit und seiner eigenen Zeit. Als er starb soll er bereits 3 000 Anhänger gehabt haben.

Der Weg der Harmonie

Kernstück von Konfuzius' Lehre bildet das Prinzip »Maß und Mitte« und eine unerschütterliche Wertschätzung der bewährten historischen Traditionen. Sie stellen eine Grundlage dar, die selbst im kommunistischen China unserer Zeit und vor allem in Taiwan und bei Millionen von Auslandschinesen noch nachwirken.

Für Konfuzius stehen die Sitten und Riten, welche die chinesische Tradition über Jahrhunderte hinweg entwickelt hat, im Mittelpunkt seines Strebens. Erst durch die Zivilisation kann der Mensch in Harmonie mit sich und seiner Umwelt leben. Daher forscht Konfuzius systematisch nach Riten und Gebräuchen der Vergangenheit, die sich im Laufe der Zeit herausgebildet haben. Die besten und wichtigsten von ihnen greift er heraus und lehrt sie allen, die sich dafür interessieren.

Kernpunkt der Zivilisation ist für ihn die Familie und die Pflichten von Mann, Frau und Kindern, die für ein harmonisches Familienleben sorgen. In der Familie lassen sich die Ideale der Weisheit und Liebe am besten verwirklichen, daher bildet sie die Keimzelle von Staat und Gesellschaft. Ein wesentlicher Aspekt in Konfuzius' Lehre ist, dass ein jeder den ihm zugewiesenen Platz in der Familie und Gesellschaft annimmt. Dazu gehört etwa in der Familie der Gehorsam gegenüber dem älteren Bruder und im Staat der Gehorsam gegenüber dem jeweiligen Landesfürsten. Solche Regeln sind Gebote der Gerechtigkeit. Jeder sollte sich bemühen, jeweils das zu tun, was recht ist. Des Weiteren hat jeder Mensch die Aufgabe, in seinem Leben dem Ideal der Menschlichkeit zu folgen. Dabei gibt es fünf Reifestufen, die wir im Leben je nach Lebensaufgabe erreichen können.

Auf der untersten Stufe steht der Gemeine. Er ist vor allem auf Eigennutz bedacht, notfalls auch ohne ethische Bedenken. Lohn und Strafe sind die einzige Sprache, die er versteht. Entsprechend muss er durch diese angeleitet werden. Auf der nächsten Stufe ist der Würdige. Er kennt den rechten Weg noch nicht, bemüht sich aber um dessen Erkenntnis, indem er dem Vorbild des Edlen zu folgen sucht. Der Edle kennt den richtigen Weg. Er versucht, seinem Leben einen positiven Sinn zu geben, indem er gemäß dem rechten Weg lebt. Dies ist die höchste Form der menschlichen Selbstentwicklung. Noch bedeutender aber ist der Berufene, weil er sich nicht nur darum bemüht, selbst ein gutes Leben zu führen, sondern den anderen Menschen dabei zu helfen, selbst zu Edlen zu werden. Die höchste Stufe stellen die Heiligen Weisen dar. Sie sind die Verkörperung des wahren Wissens und orientieren sich ausnahmslos, ohne Achtung der eigenen Vorteile, an den wahren Grundprinzipien des rechten Lebens. Selbst eine Bedrohung ihrer Existenz kann sie von diesem Weg nicht abbringen.

Konfuzius selbst hält sich für einen Berufenen der vierten Stufe und sieht seine Aufgabe darin, aus den alten Überlieferungen heraus die wahre, natürliche Ordnung und den Weg der Sittlichkeit zu finden und wiederherzustellen. Dabei spielt für ihn die Richtigstellung der Begriffe eine wesentliche Rolle:

>*Der Edle ist vorsichtig und zurückhaltend, wenn es um Dinge geht, die er nicht kennt. Stimmen die Worte und Begriffe nicht, so ist die Sprache konfus. Ist die Sprache konfus, so entstehen Unordnung und Misserfolg. Gibt es Unordnung und Misserfolg, so geraten Anstand und gute Sitten in Verfall. Sind Anstand und gute Sitten in Frage gestellt, so gibt es keine gerechten Strafen mehr. Gibt es keine gerechten Strafen mehr, so weiß das Volk nicht, was es tun und was es lassen soll. Darum muss der Edle die Begriffe und Namen korrekt benutzen und auch richtig danach handeln können. Er geht mit seinen Worten niemals leichtfertig um.*«

Mit seiner Betonung der richtigen Benennung von ethischen Prinzipien und Verhaltensweisen stellt sich Konfuzius gegen korrupte Sprachmanipulationen. Das, was das Richtige ist, muss genau definiert werden, bevor es zum tragenden Prinzip von Familie und Gesellschaft werden kann.

»In alten Zeiten gingen die Leute nicht so leichtfertig mit der Sprache um, denn sie hatten Skrupel, dass sie hinter ihren eigenen Worten zurückbleiben könnten.«

Einen weiteren Schwerpunkt bildet bei Konfuzius der Grundsatz »Maß und Mitte«. Extreme und einseitige Sicht- und Lebensweisen werden strikt abgelehnt. Ideal ist der »Goldene Mittelweg«. Das gilt auch für das Leben des Einzelnen. Der Mensch ist nie isoliert vom Gemeinwesen zu sehen. Erst dadurch, dass er sich nicht vom Eigeninteresse an der Erfüllung seiner gesellschaftlichen Pflicht hindern lässt, kann ein harmonisches und fruchtbares Zusammenleben der Menschen erreicht werden.

»Tu nicht anderen, was du nicht willst, dass sie dir antun.«

»Der Edle stellt Anforderungen an sich selbst, der Gemeine stellt Anforderungen an die anderen.«

Harmonie und Wohlstand einer Gesellschaft hängen davon ab, dass jeder an sich selbst arbeitet. Das gilt auch für Herrscher und Vorgesetzte. Diese sollen durch ein makelloses Vorbild und nicht durch Macht und Gewalt führen. Ein solches Vorbild hat sich stets unter Kontrolle, setzt die richtigen, ausgeglichenen Maßstäbe und wertet moralische Grundsätze höher als seine gesellschaftliche Stellung oder materielle Güter.

»Der Edle bewegt sich stets so, dass sein Auftreten zu jeder Zeit als allgemeines Beispiel gelten kann; er benimmt sich so, dass sein Verhalten jederzeit als allgemeines Gesetz dienen kann; und er spricht so, dass sein Wort zu jeder Zeit als allgemeine Norm gelten kann.«

Mit diesen Worten nimmt Konfuzius den späteren Kantschen Kategorischen Imperativ fast wortwörtlich vorweg. Für Konfuzius sind die Prinzipien der rechten Lebensweise das Produkt einer historischen und persönlichen Entwicklung. Im Laufe der Zeit haben sich Erkenntnisse darüber herausgebildet, was für Harmonie und Wohlstand in einem Gemeinwesen wichtig ist. Seine Nachfolger beginnen jedoch, metaphysische Aspekte in seine Lehren hineinzulesen. So erklärt man den »Goldenen Mittelweg« zu einem metaphysischen Prinzip und erhebt die Harmonie zum universellen Gesetz.

Konfuzius' Kommentierungen der Geschichte unter dem Aspekt von Gerechtigkeit, Menschlichkeit und Sittlichkeit prägen die chinesische Kultur viele Jahrhunderte lang, teilweise bis in unsere heutige Zeit. Seine Lehren haben Wertvorstellungen und soziale Normen im gesamten südostasiatischen Raum beeinflusst. Egal, ob sich die Menschen als Shintoisten, Taoisten, Buddhisten, Muslime oder Christen verstehen, ein großer Teil ihres Gedankenguts ist von konfuzianischen Prinzipien geprägt.

Konfuzius' Betonung der Priorität der Pflichten gegenüber dem Gemeinwesen und der kollektivistischen Sicht der Gesellschaft im Gegensatz zu unserer westlichen Zivilisation, welche die Rechte und Freiheiten des Individuums in den Vordergrund stellt, wird zum Teil zur Erklärung der chinesischen Variante des Kommunismus herangezogen. Und genauso versucht man auch, den wirtschaftlichen Erfolg der kapitalistisch geprägten ostasiatischen Tigerstaaten auf die Prinzipien des Konfuzius zurückzuführen.

Konfuzius glaubt jedoch nicht nur an die überragende Bedeutung des Gemeinwesens. Er erkennt durchaus den entscheidenden Einfluss an, den jeder Einzelne auf dieses Gemeinwesen ausüben kann, wenn er sich durch einen ständigen Prozess der Selbsterkenntnis und Selbstverbesserung zum Wohle seiner Umwelt entwickelt. Deshalb plädiert er auch für eine umfassende soziale Interaktion der Menschen. Denn dies würde dazu führen, dass sie sich

durch gute Sitten und Vorbilder gegenseitig des rechten Weges be-
stärken. Öffentliche Rituale sind hier ein wichtiges Instrument zur
Weiterentwicklung des Gemeinwesens.

Für Konfuzius stehen der Mensch und die Grundbedingungen
für eine funktionierende Gesellschaft im Mittelpunkt seines Inte-
resses und weniger der Kosmos und die Natur. Damit hat er zur
Entwicklung der chinesischen Zivilisation entscheidend beigetragen.

> *»Als ich fünfzehn war, war mein ganzer Wille auf das
> Lernen gerichtet. Mit dreißig stand ich fest im Leben.
> Mit vierzig war ich nicht mehr verwirrt. Mit fünfzig
> hatte ich den Willen des Himmels erkannt. Mit sechzig
> klang meinem Ohr alles angenehm. Mit siebzig folgte
> ich den Wünschen meines Herzens, ohne dabei die Re-
> geln zu brechen.«*

Für Konfuzius sind Selbstreflexion und die bewusste Hinwendung
zu den Grundregeln des menschlichen Lebens ein entscheidendes
Kriterium des wahren »Edlen«. Deshalb hat er sich schon in jungen Jahren der Aufgabe gewidmet, die Regeln, die das menschliche
Dasein regieren und zum Erfolg einer Gesellschaft führen, zu stu-
dieren und zu erlernen. Das erklärt, dass er mit dreißig ein »stand-
festes«, wertvolles Mitglied der Gesellschaft ist. Mit sechzig folgt
er den wahren Prinzipien von ganzem Herzen und mit siebzig befinden sich seine Wünsche derart in Harmonie mit der rechten Lebensweise, dass er tun und lassen kann, was er will und dabei niemals die Regeln bricht. Die Erreichung dieses Zustands ist für
Konfuzius das Ziel der ständigen menschlichen Vervollkommnung.

Vorbildliche Führung

Für westliche Führungskräfte lohnt sich das Befassen mit Konfuzius in zweierlei Hinsicht: Zum einen hilft es beim Verständnis von ostasiatischen Geschäftspartnern, zum anderen kann es wertvolle Impulse und Einsichten für die eigenen Managementaufgaben bieten.

Die wichtigste Aufgabe einer Führungskraft liegt nach Konfuzius im Abgeben des richtigen Vorbilds. Ein Teil dieser Vorbildfunktion hat dabei auch einen kulturellen Aspekt. So sind in der Tat auch heute noch traditionelle Gepflogenheiten im Geschäftsleben von besonderer Wichtigkeit.

Dies kommt zum Beispiel durch ein besonderes Interesse an dem Themenkreis Manieren, gutes Benehmen oder Managementknigge zum Ausdruck. Wir haben zudem auch im Westen eine Wirtschaftskultur, die Spielregeln eines vorbildlichen Umgangs mit Kunden, Geschäftspartnern und sogar der Konkurrenz entwickelt hat.

Ein entscheidender Erfolgsfaktor ist auch die jeweilige Unternehmenskultur. Eine überzeugende und glaubwürdige Kultur gehört zweifellos zu den wichtigen immateriellen Werten des Unternehmens und sollte von den Führungskräften gepflegt und vorgelebt werden. Konfuzius fordert nie ein Festhalten an traditionellen Verhaltensregeln und Ehrenkodices um jeden Preis. Stattdessen rät er uns, sorgsam abzuwägen und an dem festzuhalten, was sich bewährt hat. Gerade der Misserfolg vieler Unternehmen der New Economy spricht für ein Festhalten an bewährten Ansätzen des soliden Wirtschaftens. Die ideale Führungskraft gleicht dem konfuzianischen »Edlen«, der versucht, fair und mit Menschlichkeit zu führen, der die Extreme meidet und ein gutes persönliches Vorbild abgibt.

»Über das Ziel hinausschießen ist ebenso schlimm, wie nicht ans Ziel zu kommen.«

Wer den goldenen Mittelweg einschlägt, hat bessere Chancen, seine Ziele zu erreichen, weil er sich dadurch weniger Feinde schafft, die seine eigene Sache unterminieren könnten. Ein wesentlicher Aspekt sind dabei Freundschaften, in der Managementsprache: Networking. Ein effektives Networking ist für die eigene Karriere beinahe unerlässlich. Aber dort, wo diese Kontakte in Seilschaften ausarten, die andere schädigen und die ungeachtet der moralischen Qualität der Beteiligten verfolgt werden, gibt es früher oder später Probleme.

»Schließe keine Freundschaften mit Menschen, die dir selbst nicht gleichen.«

Dieses Prinzip richtet sich nicht gegen das Prinzip der menschlichen Vielfalt und heterogenen Belegschaften. Hier geht es vielmehr um die moralische Dimension.

»Wenn über das Grundsätzliche keine Einigung besteht, ist es sinnlos, miteinander Pläne zu schmieden.«

»Schließe Freundschaft mit denen, die aufrichtig sind, mit denen, die verständnisvoll sind und mit denen, die kenntnisreich sind.«

Äußerst zeitgemäß ist die Erkenntnis des Konfuzius, dass der Sprachgebrauch unser Denken beeinflusst und die Sprache bewusst als Manipulationsinstrument missbraucht werden kann. Im heutigen Management trifft das nicht nur auf Marketing und Werbung, sondern nicht selten auch auf die Personalarbeit zu. Positive Resultate können nach Konfuzius nur dann erzielt werden, wenn eine konkrete und spürbare Übereinstimmung zwischen unseren Worten und unseren Taten besteht.

»Wenn die Worte nicht stimmen, dann ist das Gesagte nicht das Gemeinte. Wenn das, was gesagt wird, nicht

stimmt, dann stimmen die Werke nicht. Gedeihen die
Werke nicht, so verderben Sitten und Künste. Darum
achte man darauf, dass die Worte stimmen. Das ist das
Wichtigste von allem.«

»Der Edle schämt sich, wenn seine Worte seine Taten
übertreffen.«

In der Tat, ein loser, manipulativer Sprachgebrauch kann sich als
kontraproduktiv erweisen. »Unsere Mitarbeiter sind unser wichtigstes Kapital«, wird zum Beispiel gerne in Führungsleitlinien ge-
schrieben. Folgen diesen Worten jedoch keine Taten im Alltag, oder
noch schlimmer, spricht das konkrete Führungsverhalten diesen
Worten Hohn, dann wird die Unternehmenskultur vergiftet und
diese Leitlinien werden zum unnötigen Ärgernis.

Entsprechendes gilt für andere Begriffe. Heutzutage glaubt
doch fast jeder von sich, er beherrsche das analytische Denken.
Hier sollte man sich an Konfuzius halten, der zur Vorsicht rät.

»Nenne keinen weise, ehe er nicht bewiesen hat, dass
er eine Sache von wenigstens acht Seiten her beurteilen
kann.«

»Wissen, was man weiß, und wissen, was man nicht
weiß, das ist wahres Wissen.«

Für Konfuzius sind Umsicht und Klugheit entscheidende Kriterien
der Führung.

»Zi-lu fragte: »Hätte der Meister ein großes Heer zu
führen, wen würde er neben sich haben wollen?« Kon-
fuzius antwortete: »Wer sich mit bloßen Händen auf
einen Tiger wirft, ohne Boot den Fluss überquert und
sich ohne weiteres in den Tod stürzt, den würde ich
nicht nehmen. Es müsste einer sein, der mit Vorsicht an

die Dinge herangeht, der alles sorgsam bedenkt und schließlich auch zustande bringt, was er plant.«

»Der Mensch hat dreierlei Wege, klug zu handeln: erstens, durch Nachdenken, das ist der edelste, zweitens durch Nachahmen, das ist der leichteste und drittens durch Erfahrung, das ist der bitterste.««

Eine wichtige Tugend der Führung ist die Geduld. Gerade dieser Aspekt wird leider von allzu vielen Managern häufig vergessen. Denn große Erfolge muss man zumeist über einen längeren Zeitraum aufbauen, vor allem wenn sie von Dauer sein sollen.

»Nicht mit aller Macht nach raschen Erfolgen streben und nicht nur auf die kleinen Vorteile sehen. Wer nach raschen Erfolgen strebt, kommt nicht zum Ziel. Nur auf die kleinen Vorteile zu sehen hält davon ab, Großes zu vollbringen.«

Schon Konfuzius kennt anscheinend Menschen, die auch dann noch an ihrem Amt kleben, wenn sie nicht mehr in der Lage sind, in ihrem Bereich einen kompetenten Beitrag zu leisten.

»Wird man gebraucht, erfüllt man seine Pflicht. Wird man nicht mehr gebraucht, so zieht man sich zurück.«

Ebenfalls wichtig für Führungskräfte ist die Konzentration auf die Sache und der 100-prozentige Einsatz.

»Bei allem, was man tut, ist es wichtig, sich mit ganzer Kraft einzusetzen.«

»Wohin du auch gehst, geh mit deinem ganzen Herzen.«

Denn häufig führen eine halbherzige Ausführung oder Kleinigkeiten – die Tücken des Details – letztendlich zu große Probleme.

*»*Menschen stolpern nicht über Berge, sondern über
Maulwurfshügel.*«*

Eine starke, positive Unternehmenskultur ist das Erfolgsgeheimnis
vieler Unternehmen, denen es nicht nur gelang, zu wirtschaftlicher
Größe aufzusteigen, sondern diese Größe auch über viele Jahrzehnte hinweg aufrechtzuerhalten.

*»*Das Leben an einem Ort ist erst dann schön, wenn
die Menschen ein gutes Verhältnis zueinander haben.*«*

Es gehört zu den Kennzeichen einer vorbildlichen Führung, den
Mitarbeitern und letztendlich auch den Kunden und Geschäftspartnern eine angenehme Umwelt zu schaffen, oder im besten Falle
sogar eine emotionale Heimat zu bieten.

*»*Bildung soll allen zugänglich sein. Man darf keine
Standesunterschiede machen.*«*

Gerade in unserer heutigen Wissensgesellschaft ist es sinnvoll, diese
Grundüberzeugung Konfuzius' zu beachten. Ein Unternehmen
kann es sich nicht leisten, die Potenziale einiger Mitarbeiterschich-
ten ungenutzt zu lassen. Stattdessen muss eine systematische Weiterentwicklung aller Mitarbeiter angestrebt werden.

Wahre Loyalität besteht nach Konfuzius nicht aus Kadaverge-
horsam, sondern im aktiven Mitdenken und im Streben nach dem,
was für das Gemeinwesen von größtem Vorteil ist.

*»*Zi-lu fragte, wie man dem Herrscher dienen solle.
Konfuzius antwortete: ›Den Herrscher niemals täuschen. Sollte es erforderlich sein, sich ihm offen widersetzen.‹*«*

Eine solche Denkweise kann eine Führungskraft bei den Mitarbeitern fördern, indem sie entsprechendes Verhalten belohnt. Wer nur
Positives von den Mitarbeitern hören möchte, betreibt nichts anderes als erweiterte Selbsttäuschung.

Der ideale Manager arbeitet dabei in erster Linie an sich selbst. Die Kultivierung einer Atmosphäre der ständigen persönlichen Vervollkommnung und das Streben nach Verbesserung gehören zu den wesentlichen Erfolgsfaktoren.

»Wer zur Quelle will, muss gegen den Strom schwimmen.«

»Ein vornehmer Mensch tadelt sich selbst, ein gewöhnlicher die anderen.«

»Fordere viel von dir selbst und erwarte wenig von anderen. So bleibt dir mancher Ärger erspart.«

»Wer etwas bei sich selbst durchzusetzen versteht, der versteht auch, es bei anderen durchzusetzen.«

Konfuzius glaubt, dass jeder Mensch durch eine entsprechende Kultivierung des rechten Weges in seinem eigenen Leben zu einem vorbildlichen Edlen werden kann.

»Von Natur aus sind die Menschen fast gleich; erst die Gewohnheiten entfernen sie voneinander.«

»Nur die Weisesten und Dümmsten können sich nicht ändern.«

Zusammenfassend beschreibt Konfuzius seinen Edlen, der die vorbildliche Führungskraft abgibt:

»Neun Dinge sind es, auf die der Edle sorgsam achtet: Beim Sehen achtet er auf Klarheit, beim Hören auf Deutlichkeit, in seiner Miene auf Freundlichkeit, im Benehmen achtet er auf Höflichkeit, im Reden auf Ehrlichkeit, im Handeln auf Gewissenhaftigkeit. Wenn

ihm Zweifel kommen, fragt er andere. Ist er im Zorn,
bedenkt er die Folgen. Angesichts eines persönlichen
Vorteils fragt er sich, ob er auch ein Anrecht darauf
hat.«

»Wenn ein Herrscher das Rechte tut, wird er Einfluss
auf die Menschen haben, ohne zu befehlen.«

FRANCIS BACON
Die vier IDOLE des FALSCHDENKENS

»Wissen ist Macht« ist wohl die berühmteste Aussage des englischen Philosophen, Literaten und Staatsmannes Sir Francis Bacon. 1561 in London als Sohn des damaligen Lordsiegelbewahrers Nicholas Bacon geboren, zeigt der junge Bacon schon in früher Jugend ungewöhnliche intellektuelle Fähigkeiten. Nach seinem Studium in Cambridge geht er als Mitglied des englischen Botschaftsteams nach Frankreich, bevor ihn der plötzliche Tod seines Vaters nach England zurückruft. Ab 1584 erhält Bacon einen Sitz im englischen Unterhaus und wird 1603 in den Ritterstand erhoben. Nach der Thronbesteigung von James I. beginnt für ihn eine steile politische Karriere, die 1618 mit dem Amt des Lordkanzlers ihren Höhepunkt erreicht. 1618 wird ihm der Titel Baron Verulum verliehen und 1621 wird er zum Viscount St. Albans ernannt.

In diesem Jahr beginnt sein politischer Niedergang. Von Feinden der Bestechung angeklagt, bekennt er sich schuldig, bestreitet aber, dass die angenommenen Gelder seine Entscheidungen beeinflusst hätten. Trotzdem wird er in einem ungewöhnlich harten Urteil aller öffentlicher Ämter für unwürdig erklärt und aus dem Parlament und vom Hof verbannt. Er erhält eine hohe Geldstrafe und wird für kurze Zeit im Tower von London inhaftiert. Danach zieht er sich auf seinen Familienbesitz in Gorhambury zurück. Zwar wird er kurze Zeit später vom König begnadigt, darf aber nicht mehr ins Parlament oder an den Hof zurückkehren. Diese für seine Karriere ungünstige Entwicklung ermöglicht es ihm aber, sich nun intensiv dem Verfassen von philosophischen und wissenschaftlichen Schriften zu widmen.

Als Bacon im März 1626 durch den Norden Londons fährt, hat er plötzlich die Idee, dass Schnee den Verwesungsprozess verzögern könnte. Er verlässt seine Kutsche, um ein Huhn für sein Experiment zu kaufen. Dabei zieht er sich eine Erkältung zu, die zur Bronchitis führt. Am 9. April 1626 verstirbt Francis Bacon im nahegelegenen Haus des Earl von Arundel.

Als Autor ist Bacon vielseitig. Neben seinen philosophischen Schriften verfasst er auch literarische Werke auf hohem Niveau. Am bekanntesten sind seine Essays aus der Zeit zwischen 1597 und 1625. Zudem schreibt Bacon historische, politische und juristische Bücher. Unter seinen philosophischen Schriften ist das *Novum Organum* die bekannteste. Sie ist bewusst als Gegenstück zu Aristoteles' *Organon* verfasst. Bacon lehnt die aristotelische Logik ab und versucht, eine neue Grundlage für den Erwerb von gesichertem Wissen zu legen.

Ende des 19.Jahrhunderts war Bacons Name in aller Munde, weil man ihn für den Verfasser der Shakespeareschen Dramen hielt. Die neueste Shakespeare-Forschung schließt dies jedoch mittlerweile aus.

Die Vier Idole des Falschdenkens

Im ersten Teil von *Novum Organum* befasst sich Bacon mit den psychologischen Ursachen für menschliche Irrtümer. Die mentalen Fehlhaltungen, aus denen Denkfehler erwachsen, nennt er Idole oder Trugbilder. Für ihn gibt es vier unterschiedliche Kategorien von Denkhaltungen, die zu Fehlschlüssen führen, wenn wir uns nicht bewusst gegen sie wappnen.

Die erste Form von Trugbildern sind die »Idole des Stammes«. Dies sind Fehlhaltungen, die unserer menschlichen Natur innewohnen und allen Menschen zu eigen sind. Zumeist liegt es an unseren Sinnen, die uns aufgrund von Fehlhaltungen und Vorurteilen leicht trügen können.

Sowohl die Sinneseindrücke als auch unsere Denkstrategien, mit denen wir diese Eindrücke verarbeiten, spiegeln eben nicht die Realitäten der Welt wider, sondern allein unsere menschlichen, trügerischen Maßstäbe. Wie ein fehlerhafter Spiegel, der die Lichtstrahlen aufgrund seiner unebenen Oberfläche nur verzerrt aufnimmt und entsprechend fehlerhaft widerspiegelt, so vermischt auch der menschliche Verstand seine eigenen Unzulänglichkeiten mit der wahren Natur der Dinge und kommt dadurch zu einem verzerrten Bild der Wirklichkeit.

Einerseits führt dies dazu, dass wir »von Natur aus« zu oberflächlichen Klassifizierungen neigen. Wir sehen mehr Ordnung und Regelmäßigkeit in den Dingen, als diese in Wirklichkeit haben. Diese Illusion von Ordnung und Beständigkeit hindert uns daran zu erkennen, dass viele Dinge und Situationen in Wahrheit einzigartig sind. Entsprechend oberflächlich und oft unzureichend ist unsere Reaktion.

Des Weiteren neigt die menschliche Natur dazu, wenn sie einmal eine bestimmte Meinung als richtig akzeptiert hat – entweder weil es die gängige Sicht der Zeit ist, oder weil wir diese Meinung mehr oder weniger zufällig zuerst gebildet haben –, nur noch Umstände wahrzunehmen, die diese Meinung stützen, und alle gegenteiligen Erfahrungen und Beweise, selbst wenn sie viel zahlreicher sind, zu ignorieren. Mit anderen Worten: Wir tendieren dazu, unsere vorgefassten Meinungen mit aller Macht auch gegen eine überwältigende Beweisfülle für das Gegenteil zu verteidigen. Auf diese Weise sind falsche Überzeugungen und Aberglauben nicht nur in unserem täglichen Leben allgegenwärtig, auf subtilere Weise schleichen sie sich auch in unsere Weltanschauungen und wissenschaftlichen Überzeugungen ein.

Der menschliche Verstand begeistert sich zudem für das Positive. Negatives klammert er dagegen gerne aus, statt unvoreingenommen offen für die Wahrheit zu sei. In Wirklichkeit ist das Negative jedoch sehr wichtig für die Wahrheitsfindung, denn es hilft uns, falsche Vorstellungen zu entlarven. Damit nicht genug, neigen wir Menschen auch zu vorschnellen Verallgemeinerungen und Abstraktionen. Wir sind leicht von starken Sinneseindrücken und persönlichen Erfahrungen beeindruckt und halten diese übereilt für allgemein repräsentativ. Zudem wird unser Denken durch Eigenwillen und unsere Gefühle und Leidenschaften getrübt und in die Irre geleitet.

> »**D**enn das, was ein Mensch lieber als Wahrheit hätte,
> das hält er auch viel bereitwilliger für die Wahrheit.«

Aus Bequemlichkeit scheuen wir uns vor schwierigen Sachverhalten, weil deren Klärung mühsame Nachforschungen erfordern würde. Wir wollen keine nüchternen Tatsachen, weil sie uns unserer Illusionen berauben würden, und wir akzeptieren lieber Mythen und Aberglauben, statt zur wahren Natur der Dinge vorzudringen. Auch halten wir uns lieber an die »bewährten« Überzeugungen unserer jeweiligen Umwelt, statt uns »unnötigerweise« mit den jeweiligen Autoritäten anzulegen. Auf diese Weise infiziert unser Wollen und Fühlen unsere Wahrnehmung und trübt unseren Verstand.

Eine weitere Gruppe von Fehlhaltungen sind die »Idole der Höhle«. Diese bestehen aus speziellen Eigenarten und Denkstrategien, die uns als Individuen auszeichnen und uns aus persönlichen Gründen zu Fehlern verleiten. Wir leben sozusagen in unserer eigenen privaten Höhle und sehen die Dinge aus dieser eingeengten Perspektive (angelehnt an Platons Höhle, in der wir alle gemeinsam sitzen). Unsere physische und mentale Konstitution, beeinflusst von unserer Herkunft, Bildung und Erfahrung, drückt unserer Weltsicht einen einzigartigen Stempel auf, der dabei unweigerlich zu einem verzerrten Bild der Realität führt.

So neigen wir etwa dazu, bestimmte Sichtweisen und Haltungen, die gut mit unserem eigenen Naturell übereinstimmen, übermäßig zu betonen, und greifen bereitwillig Spekulationen auf, die unseren natürlichen Tendenzen entsprechen. Wir werten die Erkenntnisse, die wir selbst gewonnen haben, höher als die anderer und legen mehr Wert auf Theorien, die wir selbst entwickelt haben. Je nach mentaler Konstitution neigen wir entweder dazu, die Unterschiede in den Dingen zu betonen oder wir fokussieren mehr auf die Ähnlichkeiten. Beide Grundhaltungen führen jedoch zumeist zu Extremen mit entsprechend falschen Beurteilungen.

Auf der einen Seite lieben Menschen es, sich in den Details zu verlieren. Das andere Extrem besteht aus denjenigen, die vor lauter Wald die Bäume übersehen. Manche Menschen halten gerne am Althergebrachten fest, andere geben dem Neuen, Sensationellen prinzipiell den Vorzug. Dagegen ist kaum jemand zu einer effektiven Balance zwischen beiden Ansätzen fähig. Das führt dazu, dass auch bewährte Grundlagen nur deshalb abgelehnt werden, weil sie alt und nicht neu sind. Stattdessen versucht man, das Rad neu zu erfinden. Oder man lehnt alles Neue nur deshalb ab, weil es nicht der gängigen Meinung und traditionellen Sichtweise entspricht. Idealerweise sollten die Menschen danach suchen, was zu allen Zeiten Gültigkeit hat, statt sich an die Sichtweisen einer bestimmten Zeit zu klammern.

Alle Idole der Höhle stellen Blickwinkel dar, aus denen wir die Welt nur inkorrekt wahrnehmen können. Egal, ob wir nun eine rosarote Brille tragen oder gewohnheitsmäßig schwarzsehen, ob wir pedantisch an den Details festhalten oder großzügig und unbehelligt von Fakten visionär den großen Entwurf gestalten: Das Endergebnis ist immer eine Fehlbewertung der Welt und unserer Situation in ihr. Nur wer sich bewusst ist, dass seine eigene Situation seine Wahrnehmung unweigerlich beeinflusst, hat deshalb eine Chance, sich von seiner Subjektivität zu befreien und zu objektiven Bewertungen zu gelangen.

Die schlimmsten Fehlhaltungen sind nach Bacon die »Idole des Marktes«, weil sie sich aus den Unzulänglichkeiten unserer Sprache ergeben. Da unser Denken eng mit unserem Sprachgebrauch verbunden ist, gibt es fast kein Entrinnen aus den Trugbildern, die in unserer jeweiligen Sprache begründet sind. Sprachkonventionen sind ein wesentlicher Bestandteil unsere Denkkultur und dort, wo sie fehlerhaft sind, ist es extrem schwierig, die mentalen »Sprachbarrieren« zu überwinden und zu wahren Sachverhalten vorzudringen.

> »*D*enn die Menschen glauben, dass ihr Verstand die Worte regiert. Es trifft aber ebenso zu, dass die Worte Auswirkungen auf das Verständnis haben.«

Wir glauben nur zu gerne, dass unser Denken unsere Worte bestimmt. Fatal ist aber der Umstand, dass unsere Worte auch unser Denken entscheidend prägen. Unser Sprachgebrauch entstammt dem Volksmund, der nicht selten zum Einfachen und Simplen tendiert. Auch sind Missverständnisse und Fehlhaltungen häufig bereits in der Struktur und in den Definitionen unserer jeweiligen Sprache begründet. Man könnte die Sprache als eine Art Hardware (im Sinne von »hard wired«) bezeichnen, die die Grenzen unserer Gedanken (der Software) bestimmt. Wir können nur das denken, was unsere Sprache ermöglicht, und wir können nur schwer zu Klassifizierungen und Unterscheidungen gelangen, die nicht bereits in der Struktur unserer Sprache angelegt sind.

Grundsätzlich führt uns unsere Sprache auf zwei unterschiedlichen Wegen in die Irre: Zum einen haben wir Namen für Dinge, die nicht wirklich existieren. Von der »fiktiven« Glücksfee zu sprechen, ergibt zum Beispiel keinen Sinn, weil ein solches Wesen nicht existiert. Und doch kann es das Verhalten von Menschen beeinflussen, die beim Glücksspiel trotz hoher Verluste ausharren, weil sie darauf hoffen, dass ihnen diese Glücksfee doch noch hold sein wird. Auf der anderen Seite haben wir viele Worte, mit denen wir die Dinge unserer Umwelt häufig unzureichend und irreführend benennen. Die Idole des Marktes gründen auf der falschen Überzeugung, dass das, was alle für richtig halten, deshalb auch automatisch richtig ist. Wie auf dem Marktplatz »kaufen« wir die Worte und Ideen anderer und »verkaufen« ihnen unsere eigenen und glauben, solange alle damit zufrieden sind, sei auch alles in Ordnung. Sprachkonventionen schaffen aber keine Wirklichkeit, sondern sind nur mehr oder weniger gute oder schlechte Abbilder derselben.

Zuletzt kommen noch die »Idole des Theaters«. Diese bestehen aus den tradierten Denksystemen, die wir unreflektiert aus unserem eigenen Kulturkreis übernehmen. Die meisten unserer weltanschaulichen Überzeugungen entstammen nicht unserer eigenen reiflichen Überlegung. Stattdessen entscheiden wir uns oft nur ganz allgemein für grundsätzliche Denkrichtungen und übernehmen dann pauschal alles, was diese an Dogmen zu bieten haben. Viele dieser Sichtweisen sind im Grunde aber nur wenig in der Realität begründet.

»Alle überlieferten Systeme sind nichts als Bühnenstücke erfundener Welten.«

Bacon hat wenig Achtung vor den Denkweisen der Vergangenheit, weil sie erwiesenermaßen nicht zu endgültigen Wahrheiten geführt haben. Für ihn stellen sie eher fiktive Theaterpossen unterschiedlicher Couleur, denn einen echten Einblick in reale Zusammenhänge dar. Neben dem Diktat der Tradition kann man zu diesem Bereich auch das Diktat der immer neuen Moden unserer Zeit rechnen. Egal, ob alt oder neu, solange Denk- und Sichtweisen ohne eigene Überprüfung einfach übernommen werden, sind Fehler unweigerlich vorprogrammiert.

Bacons vier Idole des Denkens greifen die Fehlhaltungen auf, die aus unserer Zugehörigkeit zur menschlichen Gattung, aus unseren individuellen Vorprägungen, unseren sozialen und linguistischen Einflüssen und unseren traditionellen und überlieferten Weltanschauungen stammen. Sie decken damit einen weiten Teil der Palette menschlicher Erfahrungen ab. Die Lösung des Dilemmas sieht Bacon in einer strikt wissenschaftlichen Methodik des Wissenserwerbs. Nur dort, wo Daten systematisch gesammelt und nach festen Regeln objektiv analysiert und ausgewertet werden, besteht eine Chance auf echte Wahrheitsfindung.

Die Methodik, die Bacon selbst zur wissenschaftlich fundierten Wissensermittlung entworfen hat, zeigt jedoch große Lücken und wurde in ihrer ursprünglichen Form nie wirklich eingesetzt. Mit seiner Analyse der menschlichen Fehlhaltungen hat Bacon aber einen wichtigen Beitrag zum Triumphzug der Empirie geleistet. Und ohne das durch ihn geschärfte Bewusstsein für die Notwendigkeit objektiver, nachprüfbarer Beobachtungen und einer Auswertungsmethodik, die Vorurteile möglichst weitgehend ausklammert, wären die wissenschaftlichen Fortschritte der letzten Jahrhunderte nicht möglich gewesen.

Von Mitarbeitern und Führungskräften in den heutigen Organisationen wird zumeist ein hohes Maß an analytischer Kompetenz erwartet. Die vier Idole des Falschdenkens haben nicht nur den unangenehmen Effekt, dass sie unser eigenes Leben unnötig verkomplizieren. Sie führen auch allgemein dazu, dass die Menschheit nicht in der Lage ist, umfangreiches gesichertes Wissen zu erwerben. Gerade in der Wirtschaft rächen sich Irrtümer schnell, denn der Markt kennt keine Gnade, wenn etwa strategische Inkompetenz auf analytische Brillanz trifft. Deshalb können nur strikte Regeln und eine im weitesten Sinne wissenschaftlich fundierte Teamarbeit, die auf korrekter Methodik basiert, solche Fehlhaltungen eindämmen und uns eine echte Wahrheitsfindung ermöglichen.

Managementidole

Viel zu oft akzeptieren wir die gegenwärtigen Abläufe, als seien sie das, was allein möglich ist. In Wahrheit ist das nie der Fall. Beispielsweise ist die Liste von Managern schier endlos, die Jack Welch, den ehemaligen Chef von General Electric, als ihr Vorbild gepriesen haben. In der Tat war Jack Welch ein enormer Gewinn für die Entwicklung und den Erfolg von General Electric. Nur: Er war nie der erfolgreichste CEO von General Electric. Collins und Porras weisen in ihrem Buch *Built to Last* nach, dass etliche frühere, weniger bekannte CEOs von GE zu ihrer Zeit mehr Shareholder Value als der Management-Star Jack Welch generierten. Mit anderen Worten: Erste Eindrücke täuschen nicht selten. Und wenn man nur die Gegebenheiten seiner eigenen Zeit berücksichtigt, verpasst man vieles, was die Geschichte der Menschheit (einschließlich der Wirtschaftsgeschichte) an Lektionen zu bieten hat. Auch beinahe vier Jahrhunderte nach Bacon sind seine vier Idole des Falschdenkens noch immer aktuell. Nehmen wir etwa das erste, das Idol des Stammes, unsere allgemeine menschliche Tendenz, wahre Sachverhalte zu manipulieren und zu entstellen. Gerade heutzutage ist die Informationsflut, die täglich über uns hereinbricht, so enorm, dass es kaum möglich ist, die Tatsachen von den Mythen zu trennen. Je höher die Position in der Führungshierarchie angesiedelt ist, umso schwieriger wird es, ein zutreffendes Bild etwa der Abläufe im Verkaufsbereich einer Organisation zu erhalten. Dort, wo letztendlich die wahren Profite für ein Unternehmen erwirtschaftet werden, im Umgang mit den Kunden, hat kaum ein Topmanager Einblick, denn er erfährt von Kundenkontakten und ihren Ergebnissen nur durch kondensierte, gefilterte und häufig sogar manipulierte Berichte.

Nach Bacon sind die Führungskräfte wahrscheinlich damit zufrieden, denn wir alle streben nach einfachen Lösungen. Und was ist einfacher, als gut formulierte Berichte von der Basis, die uns beweisen, dass alles in Ordnung ist? Erst wenn Skandale, wie in der US-Wirtschaft im Sommer 2002, bekannt werden, wird die Frage gestellt, wer wann was gewusst hat. Dann zeigt sich ein Grundproblem: Dass sich viele Manager mit viel weniger Wissen zufrieden geben, als angebracht wäre, wollten sie ihrer enormen unternehmerischen und gesellschaftlichen Verantwortung wirklich gerecht werden. Und es geht heute nicht mehr allein um Managementethik. Der Trend, Führungskräfte für ihre Entscheidungen verantwortlich zu machen, ist eine Erscheinung des neuen Jahrhunderts, an die wir uns werden gewöhnen müssen. Die Zeiten, in denen Fehlentscheidungen lediglich als weniger gut gewertet wurden, sind vorbei. Fehler werden zunehmend öffentlich als solche benannt, und diejenigen Manager, denen es gelingt, strategisch effektive Entscheidungen auch unter den neuen Bedingungen der Transparenz zu fällen, sind die wirklichen Helden der Wirtschaft des 21. Jahrhunderts.

Alte Vorurteile werden neue Errungenschaften in den Unternehmen nicht mehr verhindern können. Wir alle sind zwar in unseren eigenen Gewohnheiten gefangen. Was die Unternehmen der Zukunft jedoch brauchen, sind unkonventionelle Lösungen. Führung wird in Zukunft vor allem darin bestehen, kreative Lösungsansätze für nie da gewesene Probleme zu finden. Wenn die normale menschliche Tendenz am Althergebrachten festhält, sind ungewöhnliche und unkonventionelle Denker gefragt. Ein weiterer Problemkreis ist die menschliche Neigung, positive Rückmeldungen anzustreben. Jeder gute Verkäufer weiß, dass eine der Grundregeln des erfolgreichen Verkaufs lautet, dem Kunden eine Kette von Zustimmungen zu entlocken. Am Ende der Debatte steht dann der Kauf, und der Handel ist abgeschlossen. Solange das Streben nach dem Positiven in allen Unternehmenssituationen auch im Nachhinein mit der Realität in Einklang steht, bleibt es sicher auch langfristig eine erfolgreiche Geschäftsstrategie. Problematisch wird unsere Suche nach Positivem immer dann, wenn das positive Denken die effektiven Handlungsstrategien in kritischen Situationen einfach unkritisch ersetzt. Denn das Leben, und das Wirtschaftsleben insbesondere, ist nie so einfach, wie wir es gerne hätten. Ohne positive Impulse kann kein Geschäftsansatz erfolgreich sein. Aber positives Denken kann auch kein Unternehmen mit negativen Zahlen auf Dauer retten. Von Bacon können wir lernen: Sei realistisch, wenn es um die positiven Aspekte geht. Betone das Positive, aber vergiss das Negative nicht. Die Psychologie hat Bacons Beobachtung eine entscheidende Wahrheit hinzugefügt. Es nützt wenig, wenn wir nur oberflächlich positiv sind. Nur dann, wenn wir von ganzem Herzen an den Erfolg einer bestimmten Sache glauben, haben wir eine wirkliche Chance, diese Sache auch zum Erfolg zu führen. Das entscheidende Kriterium ist immer, dass wir nicht nur bewusst, sondern auch unbewusst an unser bestimmtes Anliegen glauben. Es reicht somit nicht aus, positiv zu denken, sondern für unseren Erfolg ist entscheidend, dass es uns gelingt, ein positives Gefühl für unser Anliegen zu entwickeln. Gerade unser Unterbewusstsein ist aber häufig viel realistischer, als wir allgemeinhin annehmen. Daher auch das »mulmige Gefühl«, das wir oft haben, wenn wir gerne an etwas glauben würden, aber zumindest unterschwellig wissen, dass etwas damit nicht so recht in Ordnung ist.

Die Wirtschaft des 21. Jahrhunderts nähert sich trotz aller neuen Tricks im Marketingbereich immer mehr der echten Marktgesellschaft des Mittelalters an. Damals konnte kein Händler lange bestehen, der minderwertige Ware durch extreme Marktschreierei an seine naiven Mitbürger verramschte. Heute, vor allem infolge der globalen Informationsmöglichkeit via Internet, haben diejenigen Unternehmen kaum Bestand, die nicht entsprechend echte Werte an ihre globalen Kunden mit ihren Produkten oder Dienstleistungen vermitteln. Positives Denken ist deshalb immer noch eine wichtige Kraft. Was neu ist, ist die globale Transparenz und damit die Herausforderung, positivem Denken tatsächlich positive Resultate folgen zu lassen. Bereits Bacon hat betont, dass letztendlich der

Schlüssel zum Erfolg darin liegt, die Realität der Gegebenheiten so weitgehend wie möglich aufzudecken und in die eigenen Handlungsentscheidungen mit einzubeziehen.

Als ein weiteres Hindernis auf dem Weg zur Wahrheitsfindung listet Bacon noch unsere menschliche Tendenz auf, Wunschdenken für die Realität zu halten. Dies trifft sowohl auf unser privates Leben als auch auf unsere gesellschaftliche oder unternehmerische Verantwortung zu. Natürlich, so die Mythen, die wir uns selbst verkaufen, ist unsere Partnerschaft optimal, unsere Kinder, falls wir welche haben, sind die Besten, unser Unternehmen ist großartig, und die Produkte und Dienstleistungen, die unser Unternehmen anbietet, sind überragend. Das Problem ist lediglich, dass uns Familie und Freunde verkennen und die Kunden nicht intelligent genug sind, die Vorteile unserer Produkte und Dienstleistungen zu sehen und deshalb unerklärlicherweise lieber bei der Konkurrenz einkaufen. Diese Tendenz zur Verklärung und Vereinfachung hat jedoch nichts mit Faulheit zu tun. Selbst ein hart arbeitender Manager, der 100 Wochenstunden in der Firma verbringt, wird davor zurückschrecken, der Wahrheit unverblümt ins Auge zu sehen, wenn die Gefahr unangenehmer Einsichten droht. Wir alle lieben unsere Illusionen: vielleicht diejenige menschliche Eigenschaft, die uns größere langfristige Probleme beschert als alle anderen. Denn allzu oft wollen wir, selbst dort, wo wir die Chance haben, die Wahrheit zu erkennen, diese nicht wahrhaben, weil sie unsere geliebten Illusionen allzu sehr ins Wanken bringt.

>> *Die Wahrheit ist eine Braut ohne Aussteuer.* <<

Eine weitere Schwierigkeit liegt nach Bacon in unserer Neigung, persönlichen Eindrücken Priorität einzuräumen. Einerseits ist dies verständlich und nützlich, denn nichts kann die persönliche Erfahrung ersetzen, und die Managementetage leidet oft genug unter dem fehlenden Kontakt zur Basis. Problematisch wird das Ganze jedoch, wenn die wenigen punktuellen Erfahrungen, die wir persönlich machen können, für uns eine solch überragende Bedeutung gewinnen, dass wir anderen Einsichten nur deshalb kritisch gegenüberstehen, weil wir sie nicht selbst erfahren konnten. Ein Bereich, der Führungskräfte vor Entscheidungsprobleme stellt, ist die Frage der ständig neuen Managementmethoden. Der konservative Manager nennt sie gerne »Managementmoden« und möchte sie instinktiv einfach ignorieren. Aufgrund seiner professionellen Erfahrung überkommt ihn hierbei aber ein ungutes Gefühl. Zwar entpuppen sich einige Moden im Nachhinein tatsächlich als wirkungslose Schaumschlägerei. Aber andere erwiesen sich als entscheidende Meilensteine für das Management und generierten, zumindest für diejenigen, die sie als Erste implementierten, entscheidende Wettbewerbsvorteile. Deshalb sollte man damit vorsichtig sein, vorschnell bestimmte Methoden zu akzeptieren oder als irrelevant abzulehnen. Persönliche Erfahrung erweist sich hier als ein zweischneidiges Schwert. Zum einen kann sie uns davor bewahren, Mythen zu erliegen. Aber sie kann uns auch davon abhalten, echte Fortschritte in unserem Bereich rechtzeitig zu erkennen. Nichts kann uns letztendlich die Mühe einer umfassenden kritischen Analyse ersparen. Nur wenn wir persönliche Neigungen hintanstellen und uns um objektive Bewertungen bemühen, können wir sicherstellen, dass unsere Schlussfolgerungen dem aktuellen Stand unseres Unternehmens und des Managementwissens entsprechen. Um dies zu ermöglichen, müssen wir nach Bacon nicht nur unsere allgemeinen menschlichen Tendenzen unter Kontrolle bringen, wir müssen vor allem auch unsere persönlichen individuellen Vorlieben und Denkweisen kritisch unter die Lupe nehmen. Wir sollten in der Lage sein, persönlich und in unseren jeweiligen Teams allzu menschliche Schwächen zu überwinden und zu objektiven Erfolgsstrategien zu finden. Es sind oft die individuellen Eigenarten, die uns langfristig den meisten Schaden zufügen und die größten Erfolge verhindern. Natürlich kennen wir alle den Manager, der stur bei seinen Eigenarten bleibt, auch wenn er sich damit selbst im Weg steht, aber es trotzdem mit mittelmäßigen Ergebnissen schafft, sich bis zur Pensionierung über Wasser zu halten. Bleibende Erfolge kann aber nur derjenige bieten, der auch über seine persönlichen Vorlieben hinauswächst und ungewöhnliche Fach- und Managementleistungen erbringt. Letztendlich geht es für das Unternehmen als auch für seine Manager darum, den Mitarbeitern Anreize zum Überwinden von individuellen Vorlieben und Schwächen anzubieten. Niemand ist perfekt. Und Ausgeglichenheit ist ein Ideal, dem nur wenige Menschen wirklich gerecht werden. Entsprechend attraktiv müssen die Belohnungen für diejenigen gestaltet werden, die persönliche Neigungen zum Wohle der Gesamtorganisation überwinden.

Noch gefährlicher sind nach Bacon die Irrtümer, denen wir aufgrund der festen Verankerung in unserer Zeit und Umwelt erliegen. Verantwortliche Manager lesen selbstverständlich die jeweils üblichen Wirtschafts- und Managementpublikationen. Jedoch beweist die Tatsache, dass sich alle auf bestimmte Sichtweisen, Konzepte und Definitionen geeinigt haben, noch lange nicht, dass diese auch zutreffend sind. Gerade derjenige, der in seinem Fachbereich auf dem Laufenden bleibt, kann noch schneller bestimmten Denkfehlern erliegen als so mancher informationsresistente Praktiker.

Bacon hat die Korrumpierung der Sprache für eines der Haupthindernisse bei der Wahrheitsfindung gehalten. Ein Beispiel für diesen Trend stellt etwa die Missachtung dar, die in den letzten Jahren Begriffen wie »Vision« und »Mission« widerfahren ist. Sowohl eigene Studien als auch die Ergebnisse von Porras und Collins haben gezeigt, dass Visionen ein wesentlicher Erfolgsfaktor für Unternehmen sind. Allerdings wurden eine Zeit lang gerne Klischees und Allgemeinplätze als Vision deklariert – mit entsprechend erbärmlichen Erfolgen. Diese Fehldefinitionen der Vergangenheit widersprechen aber keinesfalls dem enormen Potenzial echter Unternehmensvisionen.

Nach Bacon unterliegen wir zwei Kategorien sprachlicher Irrtümer. Zum einen benennen wir gerne Dinge und Prozesse, die sich in Wirklichkeit nur allzu oft einer wirklichen Analyse entziehen. Zum Beispiel ist es bis heute kaum möglich, Führungsqualitäten objektiv zu benennen, obwohl wir alle erkennen, wann wir uns einer charismatischen Führungskraft gegenübersehen. Aber es fehlt uns ein Verständnis dafür, was einen charismatischen Führer eigentlich ausmacht und wie, oder gar *ob* solche Fähigkeiten entsprechend trainiert werden können.

Hinzu kommen noch die Mythen, sobald wir die Sache benannt haben. Die Unternehmensleitung feuert eine Serie von schön formulierten Programmen ab, ohne sich zu vergewissern, dass die entsprechenden Ansätze auch praktische Erfolgsaussichten haben. Diese Tendenz entspringt der Illusion, dass Dinge, allein weil sie benannt und angestoßen wurden, auch tatsächlich Früchte tragen werden.

Zuletzt besteht immer die Gefahr, die aus den tradierten Denksystemen des traditionellen Managements erwächst. Nichts ist verführerischer als die erfolgreichen Ideen der Vergangenheit. Allerdings ist auch kaum etwas irreführender, wenn es darum geht, zukünftige Erfolge zu sichern. Natürlich haben die Flops der New Economy den traditionellen Managementmethoden Auftrieb verliehen. Nach dem Massensterben der Dot.coms war es für viele Manager traditioneller Unternehmen nur allzu verlockend, daraus eine Art Bestätigung für die eigenen, meist konservativeren Ansätze abzuleiten. Trotzdem zeigen sich auch in diesem Bereich die ersten Risse, und die Manager tun gut daran, progressive Ideen nicht nur deshalb abzulehnen, weil sie unkonventionell sind.

Die vier Idole von Francis Bacon bieten uns ein Rahmenwerk zur Beurteilung unserer eigenen Ansichten im Vergleich zu den Herausforderungen des 21. Jahrhunderts: Nur wenn wir weder den allgemein menschlichen Tendenzen noch unseren eigenen eingeengten Neigungen nachgeben, uns zudem nicht von sprachlichen Konstrukten täuschen lassen und auch nicht entgegen aller Einsicht an althergebrachten Traditionen festhalten, haben wir eine Chance, auch in Zukunft entscheidende, positive Beiträge zum Unternehmenserfolg zu leisten.

Auch nach bald vier Jahrhunderten erweisen sich Bacons grundlegende Erkenntnisse als zeitlos. Seine analytische Brillanz ist unbestritten. Mit den vier Idolen hat er die grundlegenden intellektuellen Schwächen unserer menschlichen Natur aufgezeigt und uns damit auch die Chance zu ihrer Überwindung gegeben: Indem wir bereit sind, der Realität offen ins Auge zu sehen und die notwendigen Konsequenzen aus den daraus folgenden Einsichten zu ziehen.

Sofern es uns gelingt, dieses Prinzip im Unternehmen anzuwenden, werden wir die entsprechenden Erfolge ernten.

»Wir dürfen das Weltall nicht einengen, um es den Grenzen unseres Vorstellungsvermögens anzupassen, wie der Mensch es bisher zu tun pflegte. Wir müssen vielmehr unser Wissen ausdehnen, so dass es das Bild des Weltalls zu fassen vermag.«

RENÉ DESCARTES
DENKEN *als* SEIN

René Descartes wird 1596 in dem Dorf La Haye, das später ihm zu Ehren in La Haye-Descartes umbenannt wurde, in der Nähe von Tours als Sohn eines Juristen geboren. Als Angehörigem des niederen französischen Adels bietet sich Descartes die Möglichkeit, sich im Laufe seines Lebens zunehmend auf philosophische Studien zu konzentrieren. Descartes' Mutter verstirbt nur kurze Zeit nach seiner Geburt und lässt ein körperlich geschwächtes Kind zurück. Bereits in frühen Jahren zeichnet sich Descartes durch einen klaren Verstand und eine rasche Auffassungsgabe aus. Von seinem achten Lebensjahr an besucht er die Jesuitenschule von La Fléche. Dort nimmt man Rücksicht auf seinen geschwächten körperlichen Zustand, indem man ihm beispielsweise erlaubt, morgens im Bett zu bleiben, bis er sich stark genug für den täglichen Unterricht fühlt. Anschließend beginnt Descartes ein Jura- und Medizinstudium an der Universität von Poitiers, das er allerdings 1619 abbricht, um sich einer militärischen Karriere, die er für seine geplante politische Laufbahn benötigt, zu widmen. Descartes schließt sich unter anderem dem Herzog von Bayern als Berufsoffizier an. Ein darauf folgender Feldzug gibt ihm die Gelegenheit, verschiedene europäische Standorte kennenzulernen. Im November 1619 hat er einen Traum, der für ihn zu einem persönlichen Schlüsselerlebnis wird: Er träumt von einer Methode, die es ihm ermöglichen würde, ein allumfassendes Wissenssystem zu entwerfen. Daraufhin gibt er alle militärischen Ämter auf und widmet sich nur noch der Entwicklung des Systems eines umfassenden, gesicherten Wissens.

Im Jahre 1625 kehrt Descartes nach Frankreich zurück und unterhält enge Kontakte zu einem Kreis von Mathematikern, die empirische Forschungen zur Verifizierung der Naturgesetze betreiben. 1629 siedelt er ins republikanische Holland über, wahrscheinlich auch deshalb, weil er sich von diesem Ortswechsel in ein liberaleres Umfeld mehr Gedankenfreiheit erhofft.

Descartes nimmt seine Suche nach wahrer Erkenntnis persönlich sehr ernst. Anscheinend beunruhigt ihn der Gedanke, dass es möglicherweise gar kein gesichertes Wissen gibt, so sehr, dass er der heiligen Jungfrau eine Pilgerreise nach Loretto verspricht, falls sie ihm dabei hilft, absolute Gewissheit zu finden. Descartes war für seine Angewohnheit berühmt, jeden Tag bis mittags meditierend im Bett zu liegen. Als er im Jahre 1648 von der Königin von Schweden als persönlicher Philosophielehrer eingeladen wird und dieser Einladung 1649 auch folgt, muss er mit seiner Gewohnheit brechen und jeden Morgen vor fünf Uhr früh aufstehen. Nur einige Monate später verstirbt Descartes an einer Lungenentzündung, die er sich in dem rauen Klima Schwedens zu früher Stunde zugezogen hat.

Der Vater der modernen Philosophie

Descartes' wissenschaftliche Interessen sind sehr weit gefächert. Er befasst sich mit Mathematik, Geometrie und Physik und betreibt außerdem anatomische Studien. Dabei bringt er, ganz im Sinne Bacons, gezielt wissenschaftliche Methodik zum Einsatz. Ein Resultat seiner Studien ist die Entwicklung der analytischen Geometrie. Zudem führt er umfangreiche Studien am menschlichen Gehirn und seinen Nervenverbindungen durch.

Sein besonderes Interesse gilt dabei dem menschlichen Verstand. Nach Descartes kann der menschliche Verstand nicht wie die physischen Phänomene der Natur betrachtet werden, weil das menschliche Denken nicht nur eine materielle, sondern auch eine geistige Basis hat. Die Denkfähigkeit des Menschen hängt nach Descartes von zwei Komponenten ab: dem Gehirn als Teil des menschlichen Körpers, der letztendlich eine Art komplizierte Maschine darstellt und dem Verstand, der eine geistige Komponente beinhaltet. Dieser Dualismus zwischen Geist und Körper bildet die Grundlage für seine Theorien zum menschlichen Verstand.

Nach Descartes hat die geistige Komponente des Verstandes immer recht, solange sie nicht vom menschlichen Körper in die Irre geführt wird. Alle körperlichen Empfindungen werden von den fünf Sinnen vermittelt und stellen Kontakt zu unserer physischen Umwelt dar. Unsere Sinne können uns jedoch täuschen und zu leidenschaftlichen Wünschen führen, so dass wir irrational handeln. Diese Wünsche nennt Descartes »Passionen«, über die unser Körper auf unseren Verstand einwirkt. Diese Passionen können uns jedoch von der Erkenntnis der Wahrheit abhalten. Deshalb müssen wir ihren Einfluss durch unseren geistigen Verstand kontrollieren, um zur Wahrheit zu finden. Descartes ist Rationalist. Er glaubt, dass unser Verstand unabhängig von den Sinnen zur Erkenntnis der Wahrheit gelangen kann, ebenso wie wir mathematische Erkenntnisse durch reines Nachdenken erarbeiten können und nicht auf Sinneseindrücke angewiesen sind.

»Ich denke, also bin ich.«

Mit diesem berühmten Satz gibt Descartes seiner Überzeugung Ausdruck, dass unsere wahre menschliche Existenz aus dem Bereich des Rationalen erwächst. Nicht unsere Gefühle vermitteln uns Realität und Existenz, sondern unser Denken. Wäre dem nicht so, könnten uns unsere Sinne sogar unsere Existenz wie in einem Traum vorgaukeln, ohne dass wir wirklich in dieser Welt existierten. Nachdem er auf diese Weise die menschliche Existenz unabhängig von den eigenen Sinneseindrücken etabliert hat, versucht er, auf dieser Basis ein Gebäude von absolutem, gesichertem Wissen zu errichten. Diese Ansichten führen ihn außerdem zu einem rationalistischen Individualismus: Wenn uns unser Denken allein zur ethischen Wahrheit führen kann, dann sind wir nicht mehr auf äußere Autoritäten, wie die Kirche oder die Staatsgewalt, angewiesen, um festzulegen, welche Handlungsweisen für uns die richtigen sind. Stattdessen sollten wir soziale Konventionen möglichst hinterfragen. Der Richter ist stets unser eigener Verstand. Zur Wahrheitsfindung dürfen wir nach Descartes jedoch nicht willkürlich verfahren. Unser Verstand sollte sich an einige Regeln halten, damit wir zu möglichst rationalen Schlüssen kommen. Hier bietet uns Descartes eine Vorgehensweise in vier Schritten, mit der wir jedes Problem allein durch unseren Verstand lösen können:

1. Man darf nur das als wahr akzeptieren, was man so klar und eindeutig als wahr erkennen kann, dass keine Zweifel daran bestehen können.

2. Jedes Problem muss in so viele einzelne Teile zerlegt werden, wie es für eine glaubwürdige Problemlösung notwendig ist.

3. Der Zusammenhang unter diesen Teilen muss offensichtlich sein, und man muss von einfachen Erklärungen zu komplizierteren Zusammenhängen fortschreiten.

4. Es muss sichergestellt werden, dass alle Aufzählungen von Komponenten und Teilproblemen vollständig sind, so dass keine essenziellen Aspekte übersehen werden.

Neben einer ausgefeilten Methodik zur Lösung von erkenntnistheoretischen Problemen bot Descartes damit aber auch einen Weg, die aufkeimenden Naturwissenschaften mit den religiösen Überzeugungen seiner Zeit zu versöhnen. Während er einen Großteil der Naturerscheinungen allein durch natürliche Prinzipien erklärte, ließ er mit seiner dualistischen Interpretation des menschlichen Verstandes Raum für religiöse Konzepte.

Ich führe, also bin ich

Die Unternehmenswelt wird gewöhnlich von Zahlen regiert. Shareholder Value, Marktanteile und Verkaufszahlen bestimmen die Zukunft des Unternehmens und vor allem auch die der darin tätigen Führungskräfte. Aber selbst wenn die Zahlen vorläufig noch stimmen, bleibt nicht selten das unterschwellige Gefühl, man hätte seine Sache besser machen können. Da niemand perfekt ist, fragt sich der gute Manager regelmäßig, wie er ein noch besserer Manager werden kann. Und das ist durchaus fruchtbar und notwendig für die Weiterentwicklung eines gesamten Unternehmens. Problematischer wird die Situation, wenn sich der Manager in seinen Führungsqualitäten nicht nur graduell, sondern auch grundsätzlich hinterfragt. In den USA nennt man dies den »europäischen Hang zu Selbstzweifeln«, wofür man wenig Verständnis zeigt. Und der wirtschaftliche Erfolg der Nordamerikaner scheint dieser Ansicht sogar Recht zu geben. Aber auch amerikanische Manager scheitern. Und die guten Manager sind stetig bemüht, sich zu verbessern.

Letztendlich zeigt uns Descartes einen eleganten Ausweg aus diesem Dilemma: Wir sollten ganz unverblümt nach dem Prinzip »Ich führe, also bin ich« die Führungsaufgaben wahrnehmen. Dies ist ein erster Schritt, der gar nicht so selbstverständlich ist. Vor allem gilt es zu bedenken, dass essenzielle Führung nicht von einem formalen Titel abhängt. Dort, wo jemand andere Menschen motiviert, inspiriert, organisiert und zu bestimmten Denk- und Handlungsweisen bewegt, wird geführt. In diesem Sinne sind Eltern oder Lehrer genauso vor Führungsaufgaben gestellt wie jeder einzelne Mitarbeiter, der sich für bestimmte Ideen oder Methoden erfolgreich bei anderen einsetzt. Und jeder gute Verkäufer weiß, dass die Herausforderung, den Kunden allen Einwänden zum Trotz letztendlich zum Kauf zu bewegen, im Kern eine Führungsaufgabe ist. Nur gilt dabei auch der Umkehrschluss: Wer nicht führt, ist auch keine Führungskraft. Selbst wenn seine Visitenkarte Gegenteiliges behauptet, wird diese Diskrepanz über kurz oder lang von der Realität zurechtgerückt werden.

Daher muss jeder Manager, noch bevor er sich fragen kann, ob er eine gute oder eine schlechte Führungskraft ist, die Frage klären, ob er überhaupt führt.

Ein berüchtigtes Beispiel ist dazu die Macht der Chefsekretärin. Natürlich braucht der vielbeschäftigte Manager »Gatekeeper«, die sicherstellen, dass sie nicht in unproduktiver Weise mit Problemen und Anliegen behelligt werden, und die Prioritäten im Terminkalender stimmen. Dies darf jedoch nicht dazu führen, dass diese delegierte Aufgabe zur persönlichen unternehmenspolitischen Macht des Gatekeepers ausartet, und der Zugang zur Chefetage nicht mehr allein im Sinne des Unternehmenswohls gefiltert und gesteuert wird. Gravierend ist nicht nur, dass ein schlecht kontrollierbarer Informationszugang gute Führung wesentlich untergraben kann, sondern auch, dass der Manager hier nicht mehr führt. Er hat einfach abgedankt.

Eine gute Führung stellt sicher, dass jegliche delegierte Macht auch in ihrem Sinne und Interesse ausgeübt wird. Oft ist das Problem nicht eine Frage der guten Führung, sondern schlicht und einfach ein Führungsproblem. Wer etwa bei der Delegation keine klaren Richtlinien vorgibt, was das betonte Einräumen von Entscheidungsspielräumen mit einschließt, und deren Einhaltung auch sicherstellt, der führt überhaupt nicht. Nur dort, wo jeder seiner Verantwortung gerecht wird, können entsprechend positive Ergebnisse erzielt werden. Und in jeder Organisation, die wirklich eine Zukunft hat, beginnt diese Analyse an der Spitze. Descartes liefert uns dabei wertvolle methodische Ansätze. Seine Prinzipien der Wahrheitsfindung sind für jeden, der wahre und objektive Führungsverantwortung ausüben will, eine wertvolle Bereicherung des eigenen Managementrepertoires.

Prinzip 1: Man darf nur das als wahr akzeptieren, was man so klar und eindeutig als wahr erkennen kann, dass keine Zweifel daran bestehen können.

Mit dieser Forderung werden sich wohl alle Buchhalter und andere »Zahlenknechte« in den Unternehmen bestätigt sehen. Ergebnisse sprechen für sich, versuchen sie uns einzureden, und meinen damit nicht selten die letzten Quartalsergebnisse. So realistisch diese Sichtweise klingt: Nicht selten hat sie Unternehmen vor dem kurzfristigen Bankrott gerettet, aber gleichzeitig in den langfristigen Bankrott geführt. Wahr ist jedoch: Die Essenz eines Unternehmens besteht durchaus in einer realistischen Sicht der jeweiligen Umwelt mit entsprechend angepassten Erfolgsstrategien. Erfahrene Manager wissen genau, was Descartes meint, wenn er »keine Zweifel« als Eingangsbedingung fordert. Entscheidungen, die in unternehmerischer Verantwortung ohne Zweifel getroffen werden können, sind Goldwert (ungeachtet der Tatsache, dass es auch verkannte Managementgenies geben soll, die jede Entscheidung ohne Zweifel fällen, solange es nur ihre eigene ist). Descartes' Prinzip angewandt auf Führung wäre wohl Folgendes: Wahrheit ist nicht eine Frage der Zahlen, sondern der Qualität. Wer keinerlei Zahlenbewusstsein hat, taugt nicht als Führungskraft. Aber auch derjenige, der nicht über die Zahlen des Tages hinaussehen kann, taugt nicht für echte Managementaufgaben. Letztendlich nimmt uns niemand die Arbeit ab, aus all den Zahlen, Eindrücken und Intuitionen unseres Berufsalltags ein möglichst zutreffendes Bild der wahren Zusammenhänge zu formen. Und Entscheidungen, die ohne diese Zuversicht der Realitätsnähe gefällt werden, sind selbst dann, wenn sie zu Erfolgen führen, nichts anderes als Lotterie. Nach diesem Descartesschen

Prinzip gibt die Führungskraft nicht auf, bevor sie ohne tieferge-
hende Zweifel den Lösungen oder Wegen zustimmen kann.

*Prinzip 2: Jedes Problem muss in so viele einzelne Teile zerlegt
werden, wie für eine glaubwürdige Problemlösung notwendig sind.*

»Analytisches Denken«: In welcher ernst gemeinten Stellenanzeige
würde dieser magische Begriff wohl fehlen? Wir alle pochen auf unser analytisches Denken. Descartes hat mit diesem Prinzip definiert, was gute Analysten wirklich ausmacht: Gute Analysten finden die echten, logisch sinnvollen Schnittstellen in Problemen.
Jeder kann ein Problem in Einzelaspekte zerlegen. Die Kunst des
guten Analysten besteht darin, es richtig zu zerlegen, und zwar in
einer Weise, dass anschließend sinnvolle Handlungsstrategien entwickelt werden können.

*Prinzip 3: Der Zusammenhang unter diesen Teilen muss
offensichtlich sein, und man muss von einfachen Erklärungen zu
komplizierteren Zusammenhängen fortschreiten.*

Mit diesem dritten Prinzip von Descartes stoßen wir wiederum ins
Herz der Führungsverantwortung einer Organisation vor. Unnötige Komplexität hat einen lähmenden Effekt und unterminiert die
Effektivität von Organisationen. Es ist deshalb immer sinnvoller,
zuerst die Grundprobleme zu lösen, die oft einfach und offensichtlich sind. Sobald das Unternehmen dann in seinen Grundzügen auf
den richtigen Kurs gebracht worden ist, entsteht viel Schwung und
neuer Elan, der die Freiräume schafft, dann auch kompliziertere
Probleme anzugehen und Feinabstimmungen vorzunehmen.

Prinzip 4: Es muss sichergestellt werden, dass Aufzählungen von Komponenten und Teilproblemen vollständig sind, so dass keine essenziellen Aspekte übersehen werden.

Vollständigkeit mag auf den ersten Blick nicht als eine besondere Qualität erscheinen. Wer kennt nicht endlose detaillierte Auflistungen, in denen man den Wald vor lauter Bäumen nicht mehr erkennt. Sobald wir aber im Nachhinein eine Situation analysieren, werden wir zweifellos erkennen, dass fehlende Details meist langfristig zu noch größeren Problemen führen. Deshalb bringen nur solche Lösungen auch auf Dauer gute Ergebnisse, die das Ganze im Blick behalten.

»Fragen sind der Weisheit Anfang.«

Wie für so viele Philosophen beginnt auch für Descartes die Problemlösung mit der richtigen Fragestellung. Schon Sokrates sieht sinnvolles Hinterfragen als Führungsqualität. Deshalb besteht gutes Management vor allem aus der Fähigkeit, die Fragen aufzuwerfen, die ein Unternehmen in die richtige Richtung lenken. Das Finden angemessener Lösungen wird durch die zunehmende Komplexität unserer Wirtschaftswelt zu einer Aufgabe, die nur Teams bewältigen können. Aber der Prozess zur Lösungsfindung wird immer durch entsprechende individuelle Fragen vorangetrieben und am Laufen gehalten.

»Zweifel ist der Weisheit Anfang.«

Die richtigen Fragen erwachsen aus einem Zweifel an bestehenden Ansichten und Lösungsvorschlägen. Es ist deshalb nicht nur eine gute Führung, die Mitarbeiter dazu zu motivieren, die gefundenen Lösungsansätze auch erfolgreich im Unternehmen zu implementieren. Keine Lösung gilt ewig. Deshalb muss gerade heutzutage jede Maßnahme als temporär gesehen werden. Selbst die beste aller denkbaren Lösungen verliert an Wirkungskraft, sobald sich die

Umstände innerhalb und außerhalb des Unternehmens ändern. Und da sich die Wirtschaftswelt ständig ändert, sind Zweifel an der Lösungskraft gegenwärtiger Methoden und Handlungsstrategien ein wesentlicher Faktor zur fortschreitenden Weiterentwicklung des Unternehmens. Aus diesem Grunde muss ein guter Manager einen Spagat vollbringen: Er führt die Mitarbeiter mit positiver Zuversicht zur Verwirklichung der bereits beschlossenen Lösungsansätze, während er selbst, was die Zukunft dieser Ansätze anbelangt, für sich das Prinzip des Zweifelns pflegt.

> »*Alles, was lediglich wahrscheinlich ist, ist wahrscheinlich falsch.*«

Für Descartes ist es ein grober Fehler, wenn wir uns lediglich mit Überzeugungen und Wahrscheinlichkeiten zufrieden geben. Wir dürfen erst dann »ruhen«, wenn wir Gewissheit haben. Vor allem im Management ist das Streben nach Gewissheit ein fortlaufender Prozess. Insofern bleibt es eine grundsätzliche Tatsache des Lebens, dass wir zwar immer nach Gewissheit streben sollten, sie aber wohl kaum wirklich für lange Zeit erlangen können.

> »*Man wird am ehesten betrogen, wenn man sich für klüger als die anderen hält.*«

Descartes empfiehlt uns eine gute Dosis Selbstzweifel. Wie sowohl westliche als auch östliche Philosophen immer wieder betonen, ist nichts gefährlicher als mangelnde Selbstkritik. Ein guter Manager ist stets nach außen zuversichtlich und im Inneren vorsichtig und lernbereit.

> »*Der gesunde Verstand ist die bestverteilte Sache der Welt, denn jedermann meint, damit so gut versehen zu sein, dass selbst diejenigen, die in allen übrigen Dingen sehr schwer zu befriedigen sind, doch gewöhnlich nicht mehr Verstand haben wollen, als sie wirklich haben.*«

»*Nichts auf der Welt ist so gerecht verteilt wie der Verstand. Denn jedermann ist überzeugt, dass er genug davon habe.*«

Mit anderen Worten: Keiner von uns neigt dazu, sich verstandesgemäß für minderbemittelt zu halten. In gewisser Weise ist das gut, denn nur derjenige, der mit Zuversicht handelt, wird von seiner Umwelt als kompetent akzeptiert. Wenn uns diese Sichtweise aber davon abhält, unseren Horizont täglich bewusst zu erweitern, können wir dadurch unser wahres mentales Potenzial behindern. Descartes' Ratschlag an uns alle:

»*Es reicht nicht aus, einen gut funktionierenden Verstand zu haben; das Wichtigste ist, ihn auch gut zu nutzen.*«

MARGARET CAVENDISH
Der WETTSTREIT *der* IDEEN

Margaret Cavendish wird 1623 in Colchester, Essex, als jüngstes Kind von Sir Thomas Lucas und seiner Frau Elizabeth geboren. Die acht Geschwister wachsen weitgehend unbesorgt unter der Anleitung einer älteren Erzieherin auf, die ihnen auch die Grundlagen des Lesens und Schreibens beibringt. Nebenbei lernen die Mädchen nähen, singen, tanzen und verschiedene Musikinstrumente. In einem Klima gegenseitiger Achtung und Wertschätzung beginnt Margaret Cavendish schon früh mit dem Schreiben kurzer Bücher, eine Leidenschaft, die den Rest ihres Lebens bestimmen wird.

Cavendishs Eltern sind überzeugte Royalisten, weshalb sie Margaret mit 20 Jahren als Hofdame zur englischen Königin schicken. Als auf der Insel der Bürgerkrieg ausbricht, flieht Margaret mit dem Hofstaat nach Frankreich, wo sie den 30 Jahre älteren William Cavendish heiratet. Der Graf und spätere Herzog ist der Begründer des berühmten Newcastle-Circle, in dem einige der klügsten Köpfe dieser Zeit versammelt sind. Dadurch wird Margaret Cavendish vertraut mit den zeitgenössischen Strömungen der englischen und französischen Naturphilosophie. Mit ihrem unkonventionellen Gemüt, überlässt sie nicht den Männern das Philosophieren, sondern entwickelt ihre eigenen Ideen über die Entstehung der Welt und ihre Zusammensetzung und Gesetzmäßigkeiten.

Margaret Cavendish ist eine der ersten Frauen, die literarische und philosophische Werke verfasst und veröffentlicht. Obwohl sie vor allem mit ihren poetischen Werken Aufsehen erregt, sieht sie sich selbst als erste weibliche Philosophin und ist stolz auf diesen ungewöhnlichen Umstand. Auch wenn sie von einigen ihrer bekannten männlichen Zeitgenossen als »Verrückte Madge von Newcastle« verspottet wird, lässt sie sich in ihrem Selbstbewusstsein als Literatin und Philosophin nicht beirren. In einem ihrer Bücher entgegnet sie diesen Anfeindungen folgendermaßen: Sie könne zwar nicht Heinrich V. oder Charles II. sein, aber es sei ihr erklärtes Ziel, durch geistige Leistungen zu Margaret I. zu werden. Im Alter von 50 Jahren verstirbt Margaret Cavendish im Dezember 1673.

Unsere heutige Zeit weiß ihre philosophischen und literarischen Errungenschaften stärker zu würdigen. 1997 wird in Oxford die Margaret Cavendish Gesellschaft gegründet, deren internationale Mitglieder es sich zum Ziel gesetzt haben, Margaret Cavendish zu mehr Bekanntheit zu verhelfen. Im Sommer 2001 findet zum vierten Mal die alle zwei Jahre veranstaltete International Margaret Cavendish Conference am Wheaton College in den USA statt.

Ideen im Wettstreit

Für Margaret Cavendish spielt der Zufall eine große Rolle bei der Entstehung und Ausgestaltung unserer Welt. Er ist aber auch für den Verlauf unserer Gedanken von entscheidender Bedeutung. Unsere Welt, einschließlich der Gedankenwelt, entsteht kontinuierlich aus einander widerstreitenden Elementen. Dort, wo diese Elemente miteinander eine Übereinkunft erzielen, entstehen konkrete Ausgestaltungen. Dieses Prinzip trifft genauso auf die Mineralien und Gesteine, die Pflanzenwelt wie auch auf die Existenzwerdung eines menschlichen Lebens zu. Wann immer Disharmonie aufkommt, beginnt dagegen ein Prozess der Auflösung.

Die gleichen Prozesse aus Widerstreit und Harmonie treffen auch auf die Ideen selbst zu. Sie befinden sich beständig im Fluss. Am Ende dominieren immer diejenigen mit der gegenwärtig größten Durchsetzungskraft. Hierbei gibt es keine »richtigen« oder »falschen« Ideen. Ideen sind dazu da, die reiche Vielfalt der Natur zu demonstrieren. Dabei ist keine Idee notwendigerweise einer anderen überlegen. Letztendlich kommt es darauf an, welche Idee sich eben gerade durchsetzen kann, wobei dieser Prozess nicht rational begründet werden kann. Es setzt sich somit keineswegs immer die »vernünftigste« Idee durch, was für Cavendish sowieso eine Frage der Interpretation wäre.

Für Margaret Cavendish sind Ideen eine Art Naturerscheinung, wie wir sie auch in unserer Umwelt vorfinden. So ist es völlig normal, dass ständig neue und oft widersprüchliche Ideen aufkommen, die dann in den unterschiedlichsten Kontexten mit anderen Ideen um die Vorherrschaft ringen. Entsprechend können wir uns oftmals nicht für eine bestimmte Handlungsoption entscheiden, weil auch die Gedanken in unserem Kopf in einem ständigen Wettstreit liegen. Wie wir uns anschließend, sozusagen mit uns selbst, auf eine bestimmte Aktion einigen und damit einer bestimmten Idee den Vorzug über andere geben, hängt nicht nur von logischen Aspekten oder Erfahrungen ab, sondern auch von der Art und Weise, wie der Wettstreit der Ideen in unserem Kopf eben gerade zu diesem Zeitpunkt entschieden wurde. Nach dieser Sichtweise ist der Wettstreit der Ideen etwas Geheimnisvolles: Wir können nicht immer rational nachvollziehen, warum sich eine bestimmte Idee durchsetzt. Wir können manchmal nur staunend diesen Wettstreit der Ideen verfolgen.

Cavendish wird oft vorgeworfen, dass ihre Philosophie in sich widersprüchlich sei. Aber sie geht bei dieser »Ideenfreiheit« sowieso davon aus, dass ihre eigene Philosophie gar nicht einheitlich sein könne, weil auch sie verschiedene Ideen in ihrem Kopf habe, die jeweils unterschiedliche Vorstellungen von der Welt hätten. Sie löst diese internen logischen Konflikte bei ihren Kommentaren zu den gängigen Philosophien ihrer Zeit nicht immer auf. Wenn sie es aber tut, dann mit der Entschiedenheit, die Ideen mit sich bringen, welche sich momentan durchgesetzt haben.

Das Management von Ideen

Mit ihrem Konzept vom Wettstreit der Ideen liefert Margaret Cavendish eine erstaunlich modern erscheinende Analyse der Abläufe, die wir heute im Management sehr häufig vorfinden. Wir alle erliegen nur allzu leicht der Illusion, die von uns gefundenen Lösungen seien die besten. Das ist in der Realität aber nur selten der Fall.

In den Unternehmen sollte es natürlich allein um die vernünftigsten Zukunftsstrategien gehen. Gemäß dieser Idealvorstellung analysieren Mitarbeiter und Management täglich nach bestem Wissen und Gewissen die Sachlage und entwickeln entsprechende Vorschläge zu optimalen Unternehmensstrategien. In der Realität gibt es dagegen nicht nur eine scheinbar rational optimierte Unternehmenspolitik, es gibt vor allem auch viel Politik im Unternehmen. Und die Realität stimmt voll mit den Thesen von Cavendish überein: Fast immer setzt sich nicht die beste Idee durch, sondern die Idee, die im Moment gerade am durchsetzungskräftigsten ist.

Die Gründe dafür sind vielfältig. Zum einen gibt es Ideenverfechter, die sich durch besondere Persönlichkeitsstärke auszeichnen. Diese sind auch dann überzeugend, wenn sie falsch liegen. In den meisten Fällen überzeugen sie ihre Mitmenschen von ihren eigenen Ideen, weil sie fest an diese glauben und sie mit entsprechendem psychologischen Druck vertreten. Weniger konfliktbereite Zeitgenossen geben da schnell kleinlaut bei. Natürlich gilt Durchsetzungsfähigkeit berechtigterweise als wesentliches Führungsmerkmal. Aber dort, wo auf Biegen und Brechen jede eigene Idee auch unreflektiert durchgesetzt wird, kann ein Unternehmen nicht zu optimalen Strategien finden. Beim Philosophieren mag man noch darüber streiten können, ob es »bessere« oder »schlechtere« Ideen gibt. Im Management gilt jedoch: Die Ideen, die kurz- und langfristig die besten Unternehmensergebnisse hervorbringen, sind die besseren.

Die Suche nach der besten Idee wird aber noch durch einen weiteren Umstand wesentlich erschwert: Die Durchsetzung guter Ideen ist noch lange keine Karrieregarantie. Karriere macht heutzutage nicht selten derjenige, der sich immer durchsetzt – egal, ob er richtig oder falsch liegt und egal, was dies für das Unternehmen bedeutet. Schließlich sind selbst quantitative Geschäftsergebnisse immer interpretationsbedürftig, und dieser Interpretationsprozess kann wiederum von durchsetzungsstarken Persönlichkeiten dominiert werden.

Zudem gibt es unter den gegenwärtig üblichen Beurteilungskriterien in den Unternehmen häufig starke Interessenskonflikte zwischen dem Wohl des Unternehmens und dem Fortschritt der eigenen Karriere. So verschieben sich zunehmend die Grenzen zwischen den Verantwortungsbereichen. Beispiel: Das Internet ist zum wichtigsten Marketingtool des Unternehmens geworden. Plötzlich streiten sich IT-Manager und Marketingexperten darüber, wer letztlich für die Website des Unternehmens verantwortlich ist. Zusätzlich mischen sich noch die PR-Fachleute ein, die verkünden, langfristige Strategien zur Glaubwürdigkeitsbildung sollten kurzfristige Marketinggimmicks auf den zweiten Platz verweisen. Der Wettstreit der Ideen ist im Nu eröffnet. Jeder wird dann üblicherweise an der These festhalten, dass sein eigener Bereich den wichtigsten Einfluss ausüben sollte, weil jede andere Taktik karriereschädigend wäre.

Echte Führungskompetenz äußert sich vor allem darin, dass dieser Wettstreit der Ideen in Bahnen gelenkt wird, die für das Unternehmen insgesamt von Vorteil sind. Eine der wichtigsten Herausforderungen für das Topmanagement ist es daher, diejenigen mit Karrieresprüngen zu belohnen, die relativ uneigennützig vor allem um die Durchsetzung von Ideen ringen, welche dem Unternehmen langfristig den meisten Nutzen einbringen. Sind diese optimalen Rahmenbedingungen erst einmal etabliert, gilt es anschließend, den Wettstreit der Ideen gezielt zu fördern. Natürlich ist hierbei die Frage, wie der Prozess der Ideenfindung optimal gelenkt werden kann, in sich selbst bereits wieder kontrovers und sollte von den verantwortlichen Managern vorsichtig angegangen werden, wenn effektive Ergebnisse erreicht werden sollen.

»Jemand kann ein sehr guter Freund von mir sein und trotzdem meine Meinung nicht teilen.«

Nachdem die grundlegenden Spielregeln zur Ideenfindung im Unternehmen etabliert worden sind, sollte auch eine entsprechende kulturelle Basis gepflegt werden. Es muss zum selbstverständlichen Bestandteil der Unternehmenskultur gehören, dass widersprüchliche Meinungen die mitmenschlichen und persönlichen Beziehungen der Mitarbeiter und Manager nicht negativ beeinflussen, weil im Grunde jeder um das Unternehmenswohl bemüht ist. Gerade dort, wo ein gesunder und effektiver Wettstreit der Ideen gefordert wird, muss auch die Bedeutung eines ansonsten harmonischen Miteinanders betont werden. Wenn persönliche Feindseligkeiten erlaubt oder gar angeheizt werden, herrscht zwar Streit aber keine produktive Streitkultur.

»In den Wegen strittig, im Ziel vereint«, muss das Motto eines erfolgreichen Unternehmens in unserer Zeit globaler Herausforderungen lauten. Denn auch die Natur zeigt nach Cavendish eine breite Fülle von Phänomenen und viele einzelne Ausprägungen. Entscheidend sind jedoch immer die Spielregeln, die diesen Phänomenen und Abläufen zugrunde liegen.

»Ich sehe die Natur des Wassers als fließend, ausweitend, teilbar und zirkulär. Wir mögen Fluten, Überschwemmungen und ein Aufbrechen in Teile, wie im Regen, sehen, es wird sich aber immer in einer runden und zirkulären Weise bewegen.«

Für Margaret Cavendish befinden sich die Dinge in einem konstanten Fluss. Selbst die unbelebte Materie hat ihren eigenen Rhythmus und ihre eigene Art von Intelligenz. Gleichzeitig unterliegt alles natürlichen Gesetzmäßigkeiten und folgt den Spielregeln, die in der Natur der Sache selbst begründet sind. Erfahrene Manager wissen etwa, dass der Markt immer nach bestimmten Gesetzmäßigkeiten verläuft. Für kurze Zeit schien das Internet viele dieser altbekannten Prinzipien und Regeln auf den Kopf zu stellen. Am Ende aber hat der Markt triumphiert. Seit der Zeit der Babylonier, deren Gesetze bereits wirtschaftliche Belange in besonderer Weise betonten, verläuft das Wirtschaftsleben in bestimmten Bahnen und folgt bekannten Gesetzen, und nicht einmal das Internet mit seinem Versprechen virtueller Realitäten und völlig neuer Beziehungen zwischen den Menschen – als Unternehmensmitarbeiter, Konsumenten, Internetnutzer, kritische Öffentlichkeit – konnte diese grundlegenden Verknüpfungen und Gesetzmäßigkeiten in einer mehr als oberflächlichen Weise verändern. Die moderne Managementwissenschaft zeigt immer wieder, dass sie eher »vergessene« Gesetzmäßigkeiten aufdeckt, als völlig neue Wege des Wirtschaftens zu finden.

»Ich bin für die selbstbewegte Materie, die ich empfindsame und rationale Materie nenne, und den wahrnehmungsfähigen und architektonischen Teil der Natur, welcher das Leben und die Erkenntnis der Natur ist.«

Margaret Cavendish war Naturalistin. Für sie steht der Mensch nicht über der Natur, er ist lediglich ein herausragender Aspekt der

Natur. Und dort, wo er versucht, sich eine spezielle Stellung zu erobern, wird er nicht selten von den daraus resultierenden Problemen überwältigt. Umweltschützer hatten etwa erwartet, dass es durch den Klimawandel zunehmend zu erhöhten Sturmaktivitäten an der amerikanischen Ostküste kommen würde. Diese Einschätzung mag zwar langfristig stimmen, aber in den letzten Jahren gab es an dieser Küste erstaunlich wenige der üblichen gefährlichen Stürme (Hurricans). Gleichzeitig wird der Westen der USA von Dürre und kaum kontrollierbaren Wildfeuern geplagt. Dies ist eine Entwicklung, die weder die Versicherungsbranche noch der Immobilienmarkt so voraussehen konnten. Die Ereignisse der Natur folgen ihren eigenen, inhärenten Gesetzmäßigkeiten. Wir können ihren Verlauf zwar nicht ändern, aber wir können uns besser an ihn anpassen.

Noch mehr gilt dies für die Macht und Gesetze der Ideen. Gerade angesichts einer zunehmend komplexeren Wirtschaftswelt gewinnt Cavendishs Theorie neue Relevanz im Hinblick auf den Wettstreit der unzähligen Ideen, denen wir tagtäglich ausgesetzt sind. Es kann für heutige Führungskräfte nur von Nutzen sein, sich im hektischen Managementalltag der zukunftsentscheidenden Bedeutung von Ideen bewusst zu bleiben. Ideen haben ihre eigene Kraft. Wir sollten diese Realität anerkennen, und es deshalb zu einem Kernelement unserer Führungsverantwortung machen, diese Ideen in Bahnen zu lenken, die für unsere Organisationen wirklich von Vorteil sind.

MONTESQUIEU
MODERNE TEAMARBEIT

Der Staatsrechtler und Philosoph Charles-Louis de Secondat Montesquieu, Baron de la Brède wird 1689 im Schloss la Brède bei Bordeaux als zweites Kind seiner Eltern Jacques de Secondat und Marie-Françoise de Pesnel geboren. Seine erste Erziehung erhält er im Schloss la Brède und anschließend in Bordeaux. Danach besucht er die Privatschule der Oriatorianer in Juilly und studiert später Jura und humanistische Philosophie in Bordeaux und Paris. Im Jahre 1714 wird er zum Parlamentsrat ernannt und von 1716 bis 1726 ist er Parlamentspräsident in Bordeaux. Zeitweise ist Montesquieu zudem Mitglied und Direktor der Académie Française. Ab 1728 begibt er sich auf eine lange Studienreise durch Europa. Zuerst besucht er Österreich und Ungarn, dann Italien. Anschließend folgen Deutschland und England. 1730 wird er in die Royal Society von London aufgenommen, 1746 ebenfalls in die Preußische Akademie der Wissenschaften in Berlin. Nach seiner Europareise lebt er abwechselnd in Bordeaux und Paris. Gegen Ende seines Lebens leidet Montesquieu an extremer Kurzsichtigkeit, was ihn aber nicht vom Verfassen einiger seiner wichtigsten Werke abhält. 1755 erkrankt er bei einem Parisbesuch und verstirbt einige Tage später.

Der wichtigste Beitrag Montesquieus zur westlichen Denkweise ist seine Lehre von der Gewaltenteilung, die als Grundlage für den modernen demokratischen Rechtsstaat gilt. Neben seinen rechts-

und staatsphilosophischen Schriften verfasst Montesquieu Romane und Novellen. Mit seinen Werken ist er anerkannter Vorläufer für die wissenschaftliche Begründung der meisten modernen sozial-wissenschaftlichen Disziplinen.

Vom Teilen der Macht

Das Prinzip der Gewaltenteilung geht auf Montesquieu zurück und stellt in einer Zeit, die noch vom Absolutismus geprägt ist, eine beachtliche intellektuelle und soziale Leistung dar. Ohne politische Polemik, sondern ganz wissenschaftlich vergleicht Montesquieu auf seinen ausgedehnten Studienreisen durch Europa unterschiedliche Regierungsformen und deren jeweilige Ausprägungen miteinander und zieht daraus eigene Schlussfolgerungen. Seine intellektuelle Objektivität ist hierbei unbestritten, und selbst der französische König sendet, nachdem die schwere Erkrankung Montesquieus bekannt wird, den Herzog von Nivernais, um sich über seinen Zustand zu informieren. ·

Montesquieu glaubt an die Existenz eines gemeinsamen, universalen Rechts, das alle Menschen miteinander teilen und von dem die jeweiligen nationalen Ausprägungen mit ihren spezifischen Charakteristiken nur eine durch die spezifische Kultur, Geographie und Religion begründete Version darstellen. Für ihn ist jede Gesellschaft ein zusammenhängendes Ganzes, das deshalb in vorsichtiger Weise mit entsprechend passenden Gesetzen regiert werden sollte. Vor allem den Begriff der »Freiheit« sieht er in den jeweils historisch gewachsenen und durch die dortigen Naturgegebenheiten bestimmten Verhältnissen begründet. Jedes Volk hat nach seiner Meinung das Recht auf eine Regierung nach seinen eigenen Vorstellungen. Außerdem glaubt Montesquieu fest an die Rationalität der Masse. Wenn sie in weitgehender Freiheit leben, sind die Menschen in der

Lage, kollektiv sinnvolle Gesetze für den Umgang miteinander zu entwickeln. Gleichzeitig vertritt Montesquieu das Prinzip des Relativismus: Jedes Land, jedes Volk hat das Recht, selbst zu bestimmen, nach welchen Gesetzmäßigkeiten es leben möchte. Was in einer Gesellschaft als vernünftiges und allgemein akzeptiertes Recht gilt, mag in einer anderen Gesellschaft auf Widerstand stoßen. Entscheidend ist lediglich, dass die Menschen, die unter den jeweiligen Gesetzen leben, diese gutheißen, und dass die Gesetze so viele Freiräume zur eigenen Entfaltung ,wie sie in der jeweiligen Gesellschaft möglich und sinnvoll sind, einräumen. Deshalb sollen die in allgemeiner Übereinstimmung formulierten Gesetze nicht harsch und rigide, sondern flexibel und mit möglichst weitgehender Toleranz von der Staatsautorität durchgesetzt werden.

Allen erfolgreichen Gesellschaften ist nach Montesquieu gemeinsam, dass sie einer gewissen Form von Gewaltenteilung unterliegen. Nur dort, wo die Exekutive, die gesetzgebende Gewalt, und die Rechtsprechung effektiv unabhängig voneinander sind, kann eine weitgehende Gerechtigkeit und die Freiheit der Bürger garantiert werden. Diese Gewaltenteilung und -trennung muss seiner Meinung nach zwar nicht rigide und legalistisch umgesetzt werden, aber ein funktionierendes Gemeinwesen beruht weitgehend auf einer in der Praxis funktionierenden Gewaltenteilung.

Management als Teamarbeit

Obwohl in unseren heutigen Unternehmen noch bei weitem absolutistischere Verhältnisse als in der Gesamtgesellschaft herrschen, schränken auch hier schon allein die juristischen und psychologischen Rahmenbedingungen die Gewalt des Managements entscheidend ein. Aber dennoch gleicht ein Unternehmen mit seinem Fokus auf überprüfbaren positiven Ergebnissen für die Aktionäre und

Investoren teilweise mehr einer militärischen Operation als einem gesellschaftlichen Prozess, weshalb semi-absolutistische Strukturen durchaus legal aufrechterhalten werden und auch von den Mitarbeitern verstanden und akzeptiert werden. Interessant wird Montesquieus Theorie im Unternehmensbereich deshalb vor allem unter dem Aspekt der Effektivität. Montesquieu propagiert die Gewaltenteilung nicht aus moralischen Gründen. Er definiert die Rahmenbedingungen für ein gut funktionierendes Gemeinwesen mithin für die Effektivität.

Mit Thesen wie »Empowerment der Mitarbeiter« oder »Selbstverantwortung für Teams« haben Konzepte der Gewaltenteilung auch im Management Einzug gehalten. Hierbei sollten jedoch zwei Aspekte nicht außer Acht gelassen werden.

Zum einen ist eine weitgehende Beteiligung der Mitarbeiter auch an Entscheidungsprozessen durchaus ein potenzieller Wettbewerbsvorteil für das Unternehmen. Gerade die Japaner, die trotz aller gegenwärtigen wirtschaftlichen Schwierigkeiten immer noch objektiv neben den Amerikanern und Europäern den dritten erfolgreichen Wirtschaftsraum bilden und, vor allem in ihrer zunehmenden Kooperation sowohl mit China als auch mit den Auslandschinesen, weite Teile der asiatischen Wirtschaft dominieren, haben über einen längeren Zeitraum hinweg den Wert unternehmerischer Teamarbeit aufgezeigt. Nach Montesquieu muss ein solches »Power-Sharing« mit dem Mitarbeiterstab nicht allzu formalisiert werden, solange es zumindest effektiv im Unternehmen realisiert wird – etwa in Form von erfolgreicher Teamarbeit und dem Empowerment von Teams.

Interessant wird Montesquieus Sichtweise zum zweiten dadurch, weil sie uns zeigt, dass die hochgepriesene Teamarbeit ihre »natürlichen« Grenzen hat. Gerade Teams im Unternehmensumfeld sind nicht selten in Gefahr, zu einfachen Hackordnungen zu verkommen, in denen einige psychologisch dominierende Individuen das Team in eine Extension der eigenen Ansichten und Werturteile umfunktionieren und so, mit letztendlich despotischen Methoden, weitergehendes Teampotenzial lähmen. Gute Führungskräfte geben deshalb den Teams in ihren Unternehmen nicht nur mehr Macht, sie stellen außerdem sicher, dass diese Macht nicht zum Schaden der langfristigen Ergebnisse zu einseitig ausgeübt und verteilt wird.

> *»Etwas ist nicht Recht, weil es Gesetz ist, sondern es muss Gesetz sein, weil es Recht ist.«*

Egal, in welchem Umfeld eine Führungskraft operiert, Montesquieu bestreitet vehement, dass jedes beliebige Verhalten akzeptabel ist. Selbst die Analysten der Finanzhäuser bestehen darauf, dass ein Unternehmen die richtigen Zahlen produziert, was selbstverständlich die Zahlen sind, die einen zukünftigen Erfolg als wahrscheinlich erscheinen lassen. Montesquieu geht aber weiter. Er glaubt, dass es ein objektives Recht gibt, und dass ein Gemeinwesen dieses widerspiegeln muss, wenn es eine Zukunft haben will. Zum Beispiel ist jede Unternehmenskultur einzigartig. Sie fußt in der Regel auf den Visionen und der Persönlichkeit der Gründer und der Weiterentwicklung ihrer Werte und Weltsichten. Die meisten Unternehmensgründer wissen das und wählen die Selbstständigkeit nicht nur der finanziellen Vorteile wegen, die oft zu Beginn sowieso nur schwer nachvollziehbar sind, sondern vor allem auch deshalb, weil sie bestimmte Vorstellungen über Unternehmen haben, die sie selbst in ihrem eigenen verwirklichen möchten.

Montesquieus Sichtweise auf diese Situation angewandt, bedeutet, dass nicht alle Unternehmen gleich sind. Ein Unternehmer kann durch persönliche Prägung positive Werte in seinem eigenen Unternehmen vermitteln. Er kann aber nicht willkürlich Werte in einem im übertragenen Sinne »wertlosen« Unternehmen etablieren. Das Gleiche gilt für die Führungskräfte, die in den jeweiligen Unternehmen tätig sind. Führung muss deshalb immer prinzipienorientiert sein. Und sie muss außerdem auf den richtigen Prinzipien beruhen. Sie kann auch eine individuelle Ausprägung ertragen, aber sie wird nie erfolgreich sein, wenn grundlegende Gesetze und Prinzipien, wie beispielsweise Fairness, gebrochen werden.

»Wenn es nicht notwendig ist, ein Gesetz zu machen, dann ist es notwendig, kein Gesetz zu machen.«

Überreglementierung wirkt oft kontraproduktiv. Es ist das Zeichen einer guten Führungskraft, wenn sie nicht nur weiß, wann sie einzuschreiten hat, sondern auch, wann sie sich zurückhalten sollte. Ja, es ist geradezu die Pflicht einer guten Führungskraft, so viel Freiräume wie möglich zuzulassen und einzuräumen. Nur das, was wirklich nötig ist, um die Abläufe in der Organisation sicherzustellen, sollte auch reglementiert werden. Hier gilt Ähnliches wie die volkstümliche Definition der Staatsformen: In einer Demokratie ist alles verboten, was nicht offiziell erlaubt ist. In einem Rechtsstaat ist alles erlaubt, was nicht offiziell verboten ist. Montesquieu macht auch auf die Gefahren der Machtausübung für den Einzelnen aufmerksam. Ganz besonders wendet er sich gegen den Missbrauch der eigenen Macht. Denn ein solches Verhalten würde wie ein Bumerang auf uns selbst zurückfallen.

»Wer wünscht, dass man ihn fürchte, erreicht nur, dass man ihn hasst.«

Montesquieu ist aber auch ein kultureller Relativist. Er weiß, dass jede Kultur dazu neigt, sich ihre eigenen Werte und Maßstäbe zu schaffen. Für ihn stellt dies kein Problem dar, solange die Ergebnisse auf den Prinzipien des universellen Rechts fußen.

»Man muss die Vorurteile seiner Zeit gut kennen, um sie weder zu verletzen noch ihnen zu verfallen.«

»Wenn Dreiecke einen Gott hätten, würden sie ihn mit drei Seiten ausstatten.«

Unsere Sicht der Realität ist notwendigerweise beschränkt. Wir sind alle Geschöpfe unserer jeweiligen Zeit. Aber die besten von uns wachsen über ihre Zeit hinaus. Am Ende kann uns nur die Wahrheit selbst helfen. Illusionen verlieren ihre Macht, sobald wir sie testen.

Ein gesundes Verständnis unserer menschlichen Beschränktheit darf uns jedoch nicht davon abhalten, uns ständig um Einsichten und Weltanschauung zu bemühen. Wenn wir nur allzu bereitwillig das intellektuelle Feld räumen, setzen wir uns nicht unerheblichen Gefahren aus: Dort, wo wir keine Substanz haben, können uns andere umso leichter manipulieren.

> »*Tritt eine Idee in einen hohlen Kopf, so füllt sie ihn völlig aus – weil da keine ist, die ihr den Rang streitig machen könnte.*«

Vielbeschäftigt und mit mehr Ehren überhäuft, als ihm selbst recht war, wirken Montesquieus Seufzer wie gute Ratschläge für erfolgreiche Manager:

> »*Man geht im Beruf auf und dann im Beruf unter.*«

> »*Man will nicht nur glücklich sein, sondern glücklicher als die anderen. Und das ist deshalb so schwer, weil wir die anderen für glücklicher halten, als sie sind.*«

Einige Ratschläge von Montesquieu erstaunen uns, weil sie exakt auf unsere Zeit der Wissensgesellschaft zutreffen, eine Epoche, in der Ideen, Kreativität und die richtigen Strategien nicht selten über rein materielle Gegebenheiten dominieren:

> »*Wenn du regieren willst, darfst du die Menschen nicht vor dir herjagen. Du musst sie dazu bringen, dir zu folgen.*«

»Die wahre Macht eines Herrschers besteht nicht so sehr in der Leichtigkeit, mit der er erobern kann, als vielmehr in der Schwierigkeit, ihn anzugreifen, und, wenn ich so sagen darf, in der Unantastbarkeit seiner Stellung.«

Auch heute noch kann sich eine Führungskraft so etwas wie einen Raum der Unantastbarkeit schaffen. Allerdings ist dafür die Bereitschaft erforderlich, auch die unangenehmen Schritte zu gehen, die zur Erreichung einer solchen Position notwendig sind. Oder, wie ein amerikanischer Manager einmal formuliert hat: Der Unterschied zwischen erfolgreichen und erfolglosen Menschen besteht darin, dass die erfolgreichen bereit sind, das zu tun, was den erfolglosen zu viel ist.

»Erbitte Gottes Segen für deine Arbeit, aber verlange nicht auch noch, dass er sie tut.«

Wer die Macht im Unternehmen und in Arbeitsgruppen geschickt aufteilt, schafft damit Freiraum für Verantwortlichkeiten. Wenn wir auf diese Weise hochtalentierte Individuen in den unternehmerischen Erfolg einbeziehen, können wir wesentliche Werte für die Zukunft schaffen. Leider ist das häufig auch eine Frage unserer eigenen psychischen Verfassung. Deshalb der abschließende Rat von Montesquieu an souveräne Führungskräfte:

»Für seine Arbeit muss man Zustimmung suchen, aber niemals Beifall.«

DAVID HUME
Vom WERT der ERFAHRUNG

David Hume wird 1711 als Sohn eines schottischen Landadligen in Edinburgh geboren. In seiner Kindheit besucht er die von seinem Onkel geführte örtliche Gemeinde der Kirche von Schottland. Hume wächst entsprechend in einem traditionell religiösen Umfeld auf und nimmt seine Religion zunächst sehr ernst. Erst später beginnt er, die religiösen Lehren seiner Zeit kritisch zu hinterfragen. Nach einem zweijährigen Jurastudium wechselt er zur Philosophie über. Kurzzeitig arbeitet er als Kontorist für ein Handelsunternehmen in Bristol. Von 1734 bis 1737 widmet er sich in Frankreich gesellschaftstheoretischen Fragen. Während dieser Zeit schreibt er auch die ersten beiden Teile seiner *Abhandlung über die Natur des Menschen*. Als er sich an der Edinburgher Universität für eine Professur an der Fakultät für Moralische Philosophie bewirbt, wird diese Bewerbung von Klerikern verhindert, die seine Ansichten für unreligiös und zu freigeistig halten. Nach einer kurzen Tätigkeit als Hauslehrer für eine Adlige ist Hume ab 1746 Sekretär des Generals Sinclair in Wien und Turin. Eine weitere Bewerbung Humes um eine philosophische Professur in Glasgow scheitert 1751 bis 1752 erneut. Von 1752 bis 1757 ist Hume schließlich Bibliothekar an der Universität Edinburgh, von 1763 bis 1766 Sekretär an der britischen Botschaft in Paris. Dort lernt er unter anderem auch Jean-Jacques Rousseau kennen und bietet ihm 1766 Zuflucht in London.

1767 wird Hume für kurze Zeit Unterstaatssekretär im Auswärtigen Amt. Ab 1769 lebt er bis zu seinem Tod im Jahr 1776 zurückgezogen als Privatgelehrter in Edinburgh.

Der schottische Empiriker

»Hume ist unsere Politik. Hume ist unser Handel. Hume ist unsere Philosophie, Hume ist unsere Religion«, schreibt noch im 19. Jahrhundert der britische Philosoph James Hutchinson Sterling und gibt damit der überragenden Bedeutung Ausdruck, die David Hume für die Philosophie bis in unsere Zeit hat. In der Tat wird Hume bis heute für einige philosophische Fragen, wie dem Zusammenhang zwischen Ursache und Wirkung, dem Problem der persönlichen Identität oder Fragen der Gültigkeit von induktiven Schlussfolgerungen für wichtig erachtet.

Hume sieht die traditionelle Metaphysik mit vielen Irrtümern behaftet. Seiner Meinung nach hält die intellektuelle Suche nach ewig gültigen Prinzipien die Menschen nur davon ab, aus den mannigfaltigen Erfahrungen des eigenen Lebens die einzigen Lektionen zu lernen, die das Leben wirklich zu bieten hat. Nur durch eine Auswertung unserer Erfahrungen können wir zu neuen Erkenntnissen gelangen. Täglich sind wir einer Flut von Eindrücken, Erlebnissen, Emotionen und Empfindungen ausgesetzt, die unsere Gedanken und Vorstellungen prägen und unser Weltbild formen. Dabei sind unsere Sinne und Empfindungen die unmittelbare und primäre Quelle der Erkenntnis über die Beschaffenheit der Welt.

Für Hume gibt es keine akzeptable Theorie der Realität. Nur unsere Erfahrungen können uns durch die Praxis Wissen über die Welt eröffnen, und selbst dieses Wissen ist nur bedingt sicher. Unser Denken ist dagegen nur von sekundärer Bedeutung, da es keine unmittelbaren Wahrheiten eröffnen kann. David Hume sieht die

Philosophie als eine experimentelle Wissenschaft, in der ähnlich wie Isaac Newtons Wissen über die Physik durch Erfahrungen empirische Erkenntnisse über die Natur des Menschen möglich sind. Dabei kann es nach seiner Überzeugung aber nie Gewissheiten, sondern immer nur zunehmendes Wissen über Wahrscheinlichkeiten geben. Diese Einschränkung gilt selbst für Konzepte, von denen wir intuitiv überzeugt sind, dass sie stimmen, wie etwa das Prinzip von Ursache und Wirkung.

Wenn wir einen Ball aus unserer Hand loslassen, dann können wir aus früherer Erfahrung zwar annehmen, dass er höchstwahrscheinlich zur Erde fallen wird, aber absolut sicher können wir uns dabei nie sein. Deshalb können uns auch unsere Erfahrungen kein klares, gesichertes Bild der Wirklichkeit vermitteln. Ein wesentlicher Grund dafür ist unser Hang, in Assoziationen zu denken. Ebenso, wie nach dem Gravitationsprinzip Newtons physikalische Körper eine Anziehungskraft aufeinander ausüben, neigen unsere Vorstellungen dazu, sich auch dann zu einem Gesamtbild zu vereinen, wenn sie im Grunde nichts wirklich miteinander zu tun haben. Nur weil wir bestimmte Dinge in engem zeitlichen Zusammenhang erfahren, muss zwischen diesen Dingen noch lange kein kausaler oder logisch nachvollziehbarer Zusammenhang bestehen. So beweist etwa ein Regen nach einem Regentanz nicht, dass es möglich ist, mit magischen Riten die physische Welt zu beeinflussen. Aufgrund unserer Tendenz, zeitlich aufeinander folgende Ereignisse nach dem Prinzip von Ursache und Wirkung zu interpretieren, und der Neigung, gleichzeitige Eindrücke miteinander in Zusammenhang zu bringen, können wir leicht von Zufällen und zusammenhanglosen Ereignissen getäuscht und in die Irre geleitet werden. Bedeutungslose Ähnlichkeiten können deshalb dazu führen, dass wir durch unsere Erfahrungen zu einem völlig verfehlten Weltbild gelangen.

Ein Grundproblem sieht Hume darin, dass wir nur schwer in der Lage sind, Fakten und Ideen auseinander zu halten. Verschiedene Fakten können aber nebeneinander bestehen, ohne dass sie damit Aussagen übereinander ermöglichen. Zum Beispiel ist es eine Tatsache, dass die Geburtenrate in den westlichen Großstädten zurückgeht. Gleichzeitig hat auch die Storchenpopulation in den Städten abgenommen. Nicht nur David Hume würde aber ein Problem darin sehen, aus diesen beiden Fakten nun zu schließen, dass das Ammenmärchen – der Storch bringt die Babys – nun doch stimmt. Durchaus legitim ist es allerdings, logische Verbindungen zwischen unseren unterschiedlichen Vorstellungen und Ideen herzustellen. Hierbei müssen wir aber beachten, dass diese Verknüpfungen uns nur Informationen über unsere Ideen und nicht über die wirkliche Welt geben. Sobald wir versuchen, unsere Ideengebäude den aus Erfahrung gewonnenen Fakten aufzustülpen, setzen wir uns der Gefahr gravierender Irrtümer aus. Besonders bei Fragen von Ursache und Wirkung ist dabei Vorsicht angebracht.

Trotz seiner vielfältigen Beiträge zur skeptischen Philosophie sieht sich Hume in erster Linie als Moralist. Genauso wie Newton im Bereich der Physik glaubwürdige Wahrscheinlichkeiten etabliert hat, will Hume im ethischen Bereich zu tragfähigen Prinzipien finden. Newton behauptet, dass Licht im Grunde farblos ist, und allein durch unsere Sinneseindrücke eine Wahrnehmung von Farben entsteht. In Analogie hierzu postuliert Hume, dass keine Handlung an sich gut oder böse ist. Stattdessen bestimmen die Urteile der Beteiligten den moralischen Stellenwert einer Handlung.

Bei jeder Handlung unterscheidet Hume zwischen drei unterschiedlichen Komponenten: Zum einen gibt es den Handelnden selbst, es gibt einen Empfänger der jeweiligen Tat, und es gibt einen Beobachter dieser Tat, was nicht bedeutet, dass eine Person nicht alle drei Funktionen gleichzeitig ausüben kann. So kann sich ein Mensch alleine in seiner Wohnung betrinken und ist dabei sowohl Handelnder als auch Empfänger der Handlung als auch der Beurteiler, der morgens angesichts seines Katers vielleicht gar nicht so wohlwollend urteilt. Ob eine Tat moralisch ist, hängt vom Urteil des objektiven Beobachters ab. So war beispielsweise eine Zeit lang in den USA das Car-Jacking, bei der ein Krimineller Autofahrer mit Waffengewalt dazu zwingt, den Wagen zu verlassen, um den Wagen in seine Gewalt zu bringen, eine weit verbreitete Straftat. Auf der anderen Seite sehen wir häufig in Kriminalfilmen, wie ein Polizist auf ähnliche Weise ein Privatauto zur Verfolgung eines gefährlichen Kriminellen »akquiriert«. Obwohl die Handlungsabläufe fast identisch aussehen, beurteilen wir sie unter moralischen Gesichtspunkten völlig unterschiedlich. Für Hume bestimmen die Beteiligten, ob eine Handlung moralisch ist oder nicht. Als Beurteilungsbasis unterscheidet er vier Kategorien von Tugenden:

1. Qualitäten, die anderen nützen, wie Wohlwollen, Bescheidenheit, Humanität, Großzügigkeit , Fairness, Treue, Ehrlichkeit;
2. Qualitäten, die dem Handelnden selbst nutzen, wie Fleiß, Ausdauer oder Geduld;
3. Qualitäten, die von anderen instinktiv als positiv eingestuft werden, wie Sinn für Humor, Schlagfertigkeit, Sauberkeit;
4. Qualitäten, die wir an uns selbst als positiv empfinden, wie Optimismus, Selbstsicherheit, Stolz.

Erfahrung im Management

Mit seiner Sicht des Wissenserwerbs steht Hume voll auf der Seite der Praktiker. Egal, ob es sich um Betriebswirtschaftslehre oder die praktische Arbeit im Betrieb handelt, für Hume gibt es letztendlich keine Alternative zum Experiment und zur Erfahrung.

> *»Was folgt, lernt man nur aus Erfahrung; a priori können wir es nicht wissen!«*

Erst in der Praxis zeigt sich, welche Handlungsstrategien erfolgreich sind und welche nicht. Aber nachdem wir unsere Erfahrungen gemacht haben, müssen wir uns davor hüten, diese allzu schnell zu verallgemeinern oder Zusammenhänge mental zu konstruieren, für die es in der Praxis keine eindeutigen Beweise gibt. So können wir schnell unerwartete Marktkräfte für Entwicklungen verantwortlich machen, die letztendlich in unseren eigenen Fehleinschätzungen bestimmter Marktsituationen begründet sind. Gerade beim Thema »Kraft« war Hume aber besonders kritisch:

> »Wir haben vergeblich nach der Idee einer Kraft oder notwendigen Verknüpfung in all den Quellen gesucht, aus denen sie möglicherweise herfließen könnte.«

Nach Hume haben sich viele Irrtümer in das menschliche Wissen eingeschlichen, weil wir Menschen dazu neigen, vorschnell Zusammenhänge herzustellen. Wenn etwa Marketingkampagnen gut verlaufen, glauben alle zu wissen, warum der Ansatz funktioniert hat. Es ist aber durchaus denkbar, dass die Zahlen aus völlig anderen Gründen besser wurden und diese Umstände nur zufällig in den Zeitraum direkt nach dem Kampagnenbeginn fallen.

> »Die Szenen der Sinnenwelt wechseln beständig, ein Objekt folgt auf das andere in ununterbrochener Reihe; die Macht oder Kraft aber, welche die ganze Maschine treibt, ist uns völlig verborgen. Unmöglich kann daher die Idee der Kraft aus der Betrachtung der äußeren Dinge in den einzelnen Fällen ihrer Tätigkeit abgeleitet sein; kein Ding zeigt uns eine Kraft, die das Urbild dieser Idee sein könnte.«

Letztendlich müssen wir auch in der Wirtschaftswelt mit der Tatsache leben, dass uns viele Zusammenhänge verborgen bleiben und dass Glück und günstige Umstände möglicherweise einen größeren Einfluss auf Projekt- oder Unternehmenserfolge haben, als wir uns gewöhnlich einzugestehen bereit sind. Als Hume sich intensiv mit der Frage befasst, wie wirklich gesicherte Informationen zu erwerben sind, kommt er zu dem Schluss, dass es grundsätzlich keine Gewissheiten geben kann. In einer Art von Krise schließt er sogar: »Ich bin bereit, jeglichen Glauben und jegliches Schlussfolgern abzulehnen, und kann keine Meinung als auch nur wahrscheinlicher oder eher zutreffend als irgendeine andere ansehen.«

Hume sieht es als gefährlich an, Schlussfolgerungen zu ziehen, weil es fast unmöglich ist, dabei nicht in Irrtümer zu verfallen. Unsere Erfahrungen mögen zutreffend sein, aber die Interpretationen, die wir ihnen anschließend überstülpen, sind es meistens nicht. Schon rein instinktiv wissen die berühmt-berüchtigten Macher unter uns, dass Hume mit dieser Sichtweise durchaus Recht hat. Wie schon die asiatischen Strategielehrer weiß auch der gute Praktiker, dass es am sinnvollsten ist, flexibel und spontan auf die jeweiligen Entwicklungen zu reagieren. Ausuferndes Theoretisieren kann dagegen schnell zu Fehlschlüssen führen. Der erfolgreiche Praktiker weiß, dass wir aus den gestrigen Erfolgen keine Dogmen für das Heute aufstellen können. Stattdessen müssen wir uns dem Fluss der Ereignisse anvertrauen und sozusagen das Unternehmensschiff je nach Sachlage durch die Stromschnellen unserer Wirtschaftsumwelt manövrieren. Meist ist hierbei unsere Erfahrung ein wesentlicher Erfolgsfaktor. Wenn wir im Einklang mit unseren Erfahrungen handeln, haben wir größere Chancen, auch erfolgreich zu sein.

> *»Kein Gegenstand enthüllt jemals durch seine sinnfälligen Eigenschaften die Ursachen, die ihn hervorgebracht haben, oder die Wirkungen, die aus ihm entstehen werden; auch kann unser Denken ohne Unterstützung durch die Erfahrung nie auf das wirkliche Dasein und auf Tatsachen schließen.«*

Leider sind aber auch unsere Erfahrungen nur bedingt zuverlässig, weil es uns nie möglich ist, wirklich die Realität ungefiltert zu erfahren. Instinktiv suchen wir nach Gewissheiten und finden sie, je nach Naturell, entweder in theoretischen Abhandlungen oder praktischen Erfahrungen. Doch die Praxis kann, vor allem in Zeiten rapider Veränderungen, täuschen.

> *»Es scheint [...] evident, dass die Menschen, wenn sie diesem* blinden *und mächtigen Naturinstinkt folgen, stets annehmen, die ihnen durch die Sinne gegebenen Bilder seien die äußeren Dinge, und sie schöpfen keinen Verdacht, dass die einen nur Darstellungen der anderen sind.«*

Beispielsweise können uns Erfahrungen in die Irre leiten, weil Situationen vergleichbar erscheinen, obwohl sie im Kern weitgehend unterschiedlich sind. In einem solchen Falle kann sich eine altbewährte Taktik schnell als unerwartete Fehlentscheidung erweisen. Noch gravierender aber ist die Tatsache, dass wir gar nicht in der Lage sind, Dinge in ihrem Kern zu erfassen. Auch dort, wo wir glauben, sicheren Erfolgsrezepten zu folgen, bewegen wir uns immer nur in den Prinzipien der Wahrscheinlichkeit. Und nicht nur deshalb, weil es schwierig ist, zum Kern der Wahrheit vorzustoßen. Das ist nach Hume schier unmöglich. Wir mögen zwar in der Lage sein, Erfahrungen zu sammeln, alle Erfahrungen können aber naturgemäß nur ein Abbild der Realität sein. Die Realität selbst entzieht sich dagegen hartnäckig unserem Wahrnehmungsbereich. Erschwerend kommt zu diesem Umstand noch hinzu, dass wir unsere Erfahrungen nicht selektiv und auf abstrakte Weise machen können.

> *»Ein Mensch, der verlangen würde, dass man die Figur einer weißen Kugel betrachten solle, schlechthin ohne an ihre Farbe zu denken, fordert Unmögliches.«*

Nach Hume sind wir in unseren menschlichen Möglichkeiten der Erkenntnis schlichtweg begrenzt. Wir können nur versuchen, das

Beste aus unseren Beschränkungen zu machen. Gleichzeitig bleibt uns jedoch keine andere Wahl, als uns teilweise auf unsere Erfahrungen zu verlassen, weil wir nur dadurch halbwegs effektiv in dieser Welt funktionieren können. In diesem Zusammenhang sind auch die moralischen Überlegungen Humes für Mitarbeiter und Führungskräfte interessant.

Für Hume bestimmen letztendlich die Rezipienten und unparteiischen Beobachter, welche Verhaltensweisen oder Managementmethoden gut und welche schlecht sind. Egal, was wir von uns selbst erwarten: Unsere Wirkung auf andere bestimmt unsere Effektivität. Eine solche Sichtweise erfordert nicht blinde Anpassung, aber sie ermutigt ein mitarbeiter- und zielgruppenorientiertes Management. Nicht zuletzt ist auch Führung eine Dienstleistung, die berechtigterweise von den Empfängern und der allgemeinen Öffentlichkeit kritisch beurteilt wird. Bei allen Bemühungen um bessere Führungsqualitäten sollten wir jedoch nicht die leichte Seite des Lebens vergessen und positiv denken:

> *»Verstand und Genie rufen Achtung und Hochschätzung hervor, Witz und Humor erweckt Liebe und Zuneigung.«*

> *»Die Gewohnheit, alle Dinge von der Lichtseite zu betrachten, ist mehr wert als materieller Wohlstand.«*

JEAN-JACQUES ROUSSEAU
Das natürliche MANAGEMENT

Rousseau wird 1712 in Genf als Sohn eines Uhrmachers geboren. Seine Mutter stirbt bei seiner Geburt, und sein Vater heiratet einige Jahre später eine Frau von höherem sozialen Rang. Als er daraufhin mit einem Schwert in der Stadt angetroffen wird, das nur die Mitglieder der höheren Gesellschaft tragen dürfen, muss er Genf verlassen, um einer drohenden Gefängnisstrafe zu entgehen. Jean-Jacques Rousseau lebt anschließend als armer Verwandter in der Familie seiner Mutter. Eine Zeit lang ist er Lehrling bei einem Notar und später bei einem Kupferstecher. Später lebt er als Abenteurer in Sardinien und Frankreich. In Frankreich findet er eine Wohltäterin in der Baronin de Warens, die ihm in ihrem Haus Zuflucht gewährt und ihn als Diener einstellt. Sie fördert seine Ausbildung, so dass aus dem jungen Rousseau, der nie zuvor eine Schule besuchte, ein berühmter Philosoph, Autor und Musiker wird. 1732 lässt sich Rousseau mit der Baronin, die mittlerweile auch seine Geliebte ist, in Chambéry nieder. Danach verbringt er zehn Jahre mit weitgehend autodidaktischen Studien in unterschiedlichen Wissensgebieten. Er befasst sich mit Musik, der Lektüre von englischen, deutschen und französischen Philosophen und studiert Chemie, Mathematik und Latein.

Mit 30 Jahren kommt Rousseau nach Paris und trifft dort auf Denis Diderot, der aus der Provinz stammt und sich einen Namen in der Hauptstadt machen will. Bald darauf bilden die beiden den

Kern einer Gruppe von Intellektuellen, die an der großen französischen Enzyklopädie arbeiten, welche die Ideen der Aufklärung zusammenfasst. Bereits 1750 beantwortet Rousseau die Preisfrage der Akademie von Dijon, ob der Fortschritt von Wissenschaft und Kunst die gesellschaftlichen Sitten und Moral verbessert hätte, mit dem verneinenden *Discours sur les sciences et les arts*. Diese Schrift macht ihn über Nacht berühmt, weil er darin behauptet, dass der Zivilisationsprozess den Menschen korrumpiert habe. 1752 wird Rousseaus Oper *Devin du village* veröffentlicht, die so viel Zustimmung von König und Hofstaat erhält, dass sich Rousseau ohne weiteres als Musiktalent am französischen Hof ein bequemes Leben hätte machen können. Aber seine persönlichen Überzeugungen halten ihn davon ab, ein solch bequemes Leben weltlicher Genüsse zu wählen.

Seine Überzeugungen bescheren Rousseau insgesamt ein unstetes Leben. 1754 kehrt er nach Genf zurück und erhält dort aufgrund seiner großen Bekanntheit problemlos die Bürgerrechte des Stadtstaates. Seine Werke, in denen er eine »natürliche« Rechtsgleichheit aller Menschen propagiert und gesellschaftliche Institutionen seiner Epoche angreift, werden aber zunehmend angefeindet. Nach seiner Rückkehr nach Frankreich beschließt das französische Parlament 1762, sein neuestes Werk zu verbrennen und erlässt einen Haftbefehl. Zuerst flieht er in preußisch kontrolliertes Gebiet in Frankreich und anschließend in die Schweiz. Als er auch dort verfolgt wird, nimmt er 1766 die Einladung David Humes zu einem Aufenthalt in England an. Hume ermöglicht ihm sogar eine Pension vom König, aber Rousseau entwickelt zunehmend ein Misstrauen gegenüber seinen englischen Wohltätern und kehrt 1767 inkognito nach Frankreich zurück. Nach einem Aufenthalt bei verschiedenen Freunden wird ihm 1770 eine Rückkehr nach Paris erlaubt. 1778 akzeptiert er eine Einladung des Marquis de Girardin, sich in Ermon niederzulassen. Kurz darauf verstirbt Rousseau.

Der allgemeine Wille

Nicht zuletzt wohl aufgrund seiner eigenen Lebenserfahrungen wird Rousseau motiviert, sich mit der Frage nach dem Ursprung der menschlichen Gesellschaft zu befassen. Selbst offensichtlich von extrovertierter Persönlichkeit, stellt er nicht zur Debatte, ob Menschen sich überhaupt als Gesellschaft organisieren sollten. Er zweifelt allerdings an der Überlegenheit der gesellschaftlichen Organisationsformen, denen er bisher in seinem Leben begegnet ist. Für ihn ist die Frühzeit der Menschheit durch einen Zustand gekennzeichnet, in dem jeder Mensch seiner Selbstliebe folgend sein eigenes Wohl sucht, dabei aber gleichzeitig kein Interesse an der Ausnützung anderer Menschen hat. Erst der fortlaufende Prozess der Zivilisation führt zu Selbstsucht mit den entsprechenden Leidenschaften wie Gier, Neid und Eifersucht, die letztendlich einen sozialen Kontext bewirken in dem diejenigen, die Besitztümer über die Jahrhunderte angehäuft haben, eine Gesellschaft etablierten, die diesen Besitz durch entsprechende Gesetze schützt. Dieser Übergang von natürlicher Selbstliebe zu unnatürlicher Selbstsucht führt zu einer Versklavung des Menschen. In einer solchen von Gier motivierten Gesellschaft ist niemand glücklich, weil niemand jemals zufrieden ist. Die gesellschaftlichen Verhältnisse führen dazu, dass die Menschen einander feind sind und diese Feindseligkeit im besten Falle hinter einer Maske der gesellschaftlichen Konventionen und vorgespiegelten Höflichkeit verbergen. Dieser Fall aus dem Zustand der Unschuld macht alle unglücklich. Es gibt jedoch keinen Weg zurück zur früheren »natürlichen« Gesellschaft, weshalb das Motto »zurück zur Natur« auch nicht wirklich den Überzeugungen Rousseaus gerecht wird. Stattdessen empfiehlt Rousseau eine neue Form von gesellschaftlicher Übereinkunft: die Transformation der jeweiligen individuellen Einzelwillen einer Gesellschaft in einen hypothetischen »allgemeinen Willen«. Dieser allgemeine Wille konstituiert sich aus den natürlichen Selbstinteressen der Menschen, die dieser jeweiligen gesellschaftlichen Übereinkunft beitreten. Weil eine in dieser Weise aufgebaute Gesellschaftsform per Definition den Interessen ihrer Mitglieder gerecht wird, weil niemand mit gesundem Menschenverstand jemals einer Gesellschaft zustimmen würde, die seine Interessen nicht berücksichtigt, ist dieser allgemeine Wille auch die beste Leitlinie zur Verwirklichung des Allgemeinwohls. Probleme sieht Rousseau allerdings darin, dass der Wille der Mehrheit nicht automatisch ein Rahmenwerk an gesellschaftlichen Spielregeln hervorbringen kann, der allen Mitgliedern optimale Chancen einräumt. Deshalb glaubt Rousseau, dass es einigen besonders talentierten Individuen überlassen werden sollte, optimale gesellschaftliche Spielregeln zu entwickeln. Der Mehrheit der Gesellschaft obliegt es dann, diesen zuzustimmen oder sie abzulehnen.

Natürliches Management

Rousseau versteht durchaus, dass es keinen Weg zurück zum ursprünglichen »Naturzustand« des Menschen gibt; und die meisten von uns wären auch gar nicht bereit, auf die Annehmlichkeiten zu verzichten, die uns die gesellschaftliche Gemeinschaft mit anderen Menschen ermöglicht. Allerdings haben sich die Bedingungen in den Unternehmen durchaus im Sinne Rousseaus verändert. Wir leben in Zeiten, in denen sich die volle Kooperation aller Mitarbeiter auf allen Ebenen zum entscheidenden Wettbewerbsvorteil entwickelt hat. Gute Führungskräfte wissen, dass unter solchen Bedingungen die alte Strategie der rigiden Befehlskette nicht mehr effektiv ist. Das kreative Potenzial der Mitarbeiter kann nur dann optimal eingesetzt werden, wenn die entsprechenden Parameter im Unternehmen stimmen.

In der Theorie werden die meisten dieser These zustimmen. Auch viele Unternehmen betonen ihre Verbundenheit mit modernen Führungsprinzipien. Ein grundlegendes Problem ist allerdings die menschliche Natur. Machtstrukturen existieren nicht in einem Vakuum. Sie haben sich oft im Laufe längerer Zeiträume entwickelt. Wie Gesellschaften haben auch die Unternehmen ihre eigenen, historisch gewachsenen Kulturen. Diese waren in der Vergangenheit jedoch vor allem machtorientiert. Entsprechend entschieden müssen neue, demokratische Führungsansätze im Unternehmen implementiert werden, wenn alte Fehler in Zukunft vermieden werden sollen. Allerdings ist es nicht möglich, in diesem Sinne zu den Anfängen zurückzukehren. Kein Unternehmen kann aus seiner Vergangenheit leben. Die Zukunft ist allerdings offen und kann bewusst gestaltet werden. Das ist denn auch die wirkliche Botschaft von Rousseau: Da keiner von uns zum unschuldigen Zustand unserer Vorfahren zurückkehren kann, und die meisten von uns das auch nicht wollen, geht es vor allem darum, einen neuen Weg der effektiven Zusammenarbeit zu finden.

Auch im Wirtschaftsbereich kann man Rousseaus »allgemeinen Willen« anwenden: Dies würde bedeuten, eine Arbeitsgrundlage zu finden, mit der alle leben und arbeiten können. Gemäß seiner Theorie obliegt es den Führungskräften, Spielregeln zu entwickeln, mit denen alle Mitglieder optimaler funktionieren können. Dort, wo Führungskräfte in der Lage sind, Eigeninteresse und Besitzansprüche glaubwürdig in den Hintergrund zu stellen, kann im Unternehmen eine gemeinsame Basis gefunden werden, die sowohl die Zukunft des Unternehmens als auch die Zukunft aller Mitarbeiter fördert. Im Grunde ist dies eine Frage der Organisation einer Selbstorganisation. In jeder sozialen Organisation finden ständig Selbstorganisationsprozesse statt. Letztendlich ist aber entscheidend, nach welchen Spielregeln diese Prozesse verlaufen und unter welchen Rahmenbedingungen sie stattfinden.

>*Bisher habe ich viele Masken gesehen, wann werde
ich menschliche Gesichter erblicken?*«

Gute Führung ist dort, wo die Wahrheit zur besten Waffe und nicht
zum unangenehmen Nachteil wird. Offenheit, Transparenz und
Authentizität entwickeln sich zunehmend zu respektablen Mana-
gementinstrumenten. Manager können aber nur dann wahrheitsge-
mäß führen, wenn die Verhältnisse in den Unternehmen geklärt
sind und die Wahrheit nicht schadet, sondern motiviert. Viele Unternehmen geben vor, diesen Zustand erreicht zu haben, aber nur
wenige sind wirklich an diesem Punkt angekommen. Dabei geht es
nicht darum, allen Mitarbeitern unverdiente Freiräume einzuräumen. Stattdessen sind Führungskräfte gefragt, die gute Mitarbeiter
nicht durch unsinnige Anforderungen behindern.

>*Die Freiheit des Menschen liegt nicht darin, dass er
tun kann, was er will, sondern dass er nicht tun muss,
was er nicht will.*«

Kaum ein Begriff wird im gesellschaftlichen und wirtschaftlichen
Bereich schneller und bereitwilliger missbraucht als »Freiheit«.
Rousseaus Blickwinkel, der die Aufmerksamkeit auf die Zwänge
lenkt, die unsere Freiheit in inakzeptabler Weise einschränken, ist
auch im Unternehmen von Wichtigkeit. Wenn Mitarbeiter so sehr
damit beschäftigt sind, den täglichen Notwendigkeiten gerecht zu
werden, dass sie keine Kapazität haben, die Zukunft zu gestalten,
ist die menschliche Freiheit zu sehr eingeschränkt, und kreative
Beiträge sind zum Schaden der Organisation nicht möglich. Deshalb liegt eine Führungsaufgabe darin, die Zwänge der Organisation auf ein akzeptables Mindestmaß zu reduzieren und entsprechend weitgehende Freiheiten einzuräumen. Aber Rousseau
empfiehlt auch keinen naiven Führungsstil. Er weiß durchaus, dass
Freiheiten nicht für alle Menschen automatisch einen Vorteil darstellen.

»Mit der Freiheit ist es nicht anders als mit derben und saftigen Speisen oder starken Weinen. Für gesunde und starke Naturen sind sie nahrhaft und stärkend. Sie überladen, verderben und berauschen jedoch schwache zarte Menschen.«

Echte Führung besteht vor allem darin, dass den Mitarbeitern, die das Potenzial haben, auch die entsprechenden Freiheiten eingeräumt werden, während die anderen auf sanfte Art zum Erfolg geführt werden. Freiheit ist in diesem Sinne ein zweischneidiges Schwert. Dort, wo echte Potenziale vorliegen, kann eine neue Atmosphäre von Freiheit in einem Unternehmen wahre Wunder wirken. Auf der anderen Seite kann zu viel Freiheit auch dazu führen, dass weniger selbstmotivierte Mitarbeiter in ihrer Leistung zu sehr abfallen. Rousseau sieht in seinem Leben eine relativ breite Palette menschlicher Erfahrungen. Aus dieser Perspektive heraus gibt er uns eine Warnung, die wir auch angesichts der vielfältigen wirtschaftlichen Zwänge, denen wir alle in unserem Leben unterliegen, nicht auf die leichte Schulter nehmen sollten:

»Das Leben ist kurz, weniger wegen der kurzen Zeit, die es dauert, sondern weil uns von dieser kurzen Zeit fast keine bleibt, es zu genießen.«

IMMANUEL KANT
Die ETHIK *des* FÜHRENS

Im Jahre 1724 geboren, wächst Immanuel Kant als Sohn eines Sattlermeisters in bescheidenen Verhältnissen auf. Seine Erziehung ist stark von den Überzeugungen seiner protestantischen, tief religiösen Eltern geprägt. An der Königsberger Universität studiert Kant unter anderem Mathematik, Naturwissenschaft, Theologie und Philosophie. Nach dem Tod seines Vaters im Jahre 1746 verlässt Kant die Universität und wird in der näheren Umgebung von Königsberg als Hauslehrer tätig, unter anderem bei einem Gutsbesitzer und einem Grafen, was dem jungen Kant auch den Erwerb gehobener Umgangsformen ermöglicht. Nach Promotion und Habilitation folgen Veröffentlichungen im Bereich der Astronomie und der Philosophie. Seine Vorlesungen sind stark besucht, und seine durch etliche Publikationen zunehmende Bekanntheit im gesamten deutschsprachigen Raum bringt eine Reihe von fortschrittsorientierten, kritischen Studenten an die Königsberger Universität. Ab dem Jahre 1758 bewirbt sich Kant vergeblich um die Professur für Logik und Metaphysik in Königsberg. Angebote aus Erlangen und Jena lehnt er aus persönlicher Verbundenheit zu seiner Heimatstadt ab. Erst 1770 erlangt er seine Professur im gewünschten Fachbereich an der Universität Königsberg. Ein Jahrzehnt später erfolgt mit *Kritik der reinen Vernunft* (1781) die erste Veröffentlichung eines seiner Hauptwerke. Später folgen die be rühmte *Kritik der praktischen Vernunft* (1787) und *Kritik der Urteilskraft* (1790). Zu diesem Zeitpunkt, kaum zehn Jahre nach Erscheinen der *Kritik der reinen Vernunft*, sind Kants Ideen bereits zu einer Modeerscheinung geworden. Es gibt bereits über 200 Schriften, die sich mit seiner Philosophie beschäftigten, und selbst beim Friseur werden seine Begriffe diskutiert. Im Jahre 1804 stirbt Kant in Königsberg.

Selbst zu seiner Zeit ist Immanuel Kant ein Phänomen: Sein ganzes Leben lang in seiner Geburtsstadt wirkend – die weiteste Reise, die er je unternahm, führte ihn nur etwa 90 Kilometer von Königsberg weg –, gelangt er noch zu seinen Lebzeiten zu Weltruhm. Von kleiner, schmächtiger Gestalt, aufgrund einer Knochendeformation mit eingefallenem Brustkorb und zeitlebens von Allergien und Nervenleiden geplagt, so kann er unter anderem keine frischgedruckten Zeitungen lesen, ist er eine der größten intellektuellen und moralischen Persönlichkeiten mit Nachwirkungen bis in unsere Zeit.

Der Kategorische Imperativ

Kant ist zweifellos einer der wichtigsten deutschen Philosophen. Er glaubt, geistig schottischer Abstammung zu sein und behauptet, dass ihn erst die Lektüre von David Humes Werken aus seinem »dogmatischen Schlummer« erweckt hätte. Er versteht seinen eigenen Ansatz als »kritizistisch« und siedelt ihn zwischen der dogmatischen Substanzphilosophie von Descartes oder Leibniz und dem Empirismus von Locke, Berkeley oder Hume an. Alles in allem sieht er sich als transzendentalen Idealisten. Wie Hume ist auch Kant an der Frage interessiert, was uns unsere Erfahrungen über die Wirklichkeit mitzuteilen haben. Er hält den Skeptizismus von Hume aber für übertrieben. Unsere Sinne können uns zwar niemals verlässliche Informationen über die tatsächliche Beschaffenheit der Welt liefern. »Das Ding an sich« entzieht sich weitgehend unserer Erkenntnis, aber wir können durchaus wertvolle Einsichten aus den Erscheinungen gewinnen, die unseren Sinnen und unserer Erfahrung zugänglich sind. Allerdings reicht es nicht aus, die Welt nur wahrzunehmen. Wir müssen sie anschließend auch entsprechend den Descartesschen Postulaten von Klarheit und Deutlichkeit mental verarbeiten. Für Kant gehen Anschauung und Begreifen Hand in Hand.

> *»Anschauungen ohne Begriffe sind blind, Begriffe ohne Anschauungen sind leer.«*

Für Kant bestimmt dabei der Raum die äußere Erfahrung. Wir nehmen die Dinge in ihrer räumlichen Realität wahr, während der Faktor Zeit die Vorgänge unserer inneren Erfahrung widerspiegelt. Wir wissen meist relativ genau, in welcher zeitlichen Abfolge wir bestimmte Erfahrungen machten.

Vor allem die erkenntnistheoretischen Ansichten Kants haben seinen Weltruhm begründet. Im Kern versteht sich Kant ebenso wie Hume in erster Linie als Moralist. Vor allem seine Überlegungen zu Pflicht und Moral haben viele Menschen inspiriert und motiviert. Nach Kant bewegt sich der Mensch in einem ständigen Spannungsprozess zwischen den Verlockungen durch seine sinnlichen Triebe und den geistigen Gesetzen der Vernunft. Wer seinen Trieben folgt, ist ein Sklave seiner Impulse und damit unfrei. Echte Freiheit erreicht nur derjenige, der bewusst den Gesetzen der Vernunft folgt. Der Mensch ist dabei sowohl ein Naturwesen als auch ein Vernunftwesen. Wenn er dem Gesetz der Vernunft in seinem sittlichen Willen folgt, handelt er mit Würde, Wert und Freiheit. Dort, wo alle Beteiligten in diesem Sinne vernünftig statt triebhaft handeln, entsteht die wahre moralische menschliche Gemeinschaft. Den Kern dieser vernunftgesteuerten menschlichen Gemeinschaft bildet der Kategorische Imperativ. Der ist nach

Kant die wünschenswerte Grundlage einer allgemeinen Gesetzgebung.

>*Handle so, dass die Maxime deines Willens jederzeit zugleich als Prinzip einer allgemeinen Gesetzgebung gelten könnte.*«

Diesem Sittengesetz ist jeder Mensch unterworfen, der als Vernunftwesen handeln will. Das Gesetz ist deshalb kategorisch, weil jeder Mensch, der der Vernunft gemäß handeln will, diesem Gesetz in seiner Gesamtheit unterworfen ist. Erst in diesem Zustand ist der menschliche Wille autonom, weil er von den Zwängen seiner Eigeninteressen und sinnlichen Triebe befreit ist und bewusst nach dem handelt, was moralisch gut ist. Der Mensch ist somit erst dann frei, wenn sein Wille von der Vernunft geleitet wird. Seine Handlungen sind moralisch, wenn sie den Kriterien des Kategorischen Imperativs gerecht werden und auf der Achtung vor diesem Prinzip beruhen. Wer dagegen aus anderen Motiven trotzdem dem Sittengesetz entsprechend handelt, handelt nur formal richtig. An anderer Stelle gibt Kant weitere Definitionen für den Kategorischen Imperativ:

>*Handle nach solchen Maximen, von denen du wollen kannst, dass sie allgemeinen Gesetzen dienen sollen; oder: so, als ob die Maxime deiner Handlung durch deinen Willen zum allgemeinen Naturgesetz werden sollte.*«

Kant spricht mit seinem Kategorischen Imperativ die menschliche Verantwortung an. Wenn wir wirklich frei von unserer korrumpierenden menschlichen Natur handeln, dann kann jeder von uns in seiner Freiheit einen universellen Standard setzen. In der Tat sollten wir nach Kant immer unseren Willen in einer Weise zum Ausdruck bringen, dass dieser, zum allgemeinen Gesetz erklärt, eine gute und gerechte Gesellschaft schaffen würde. Der menschliche Wille ist ein mächtiges Instrument der Normengebung und sollte gemäß den Prinzipien der Vernunft eingesetzt werden.

>*H*andle nach der Idee des Willens eines jeden vernünftigen Wesens als allgemein gesetzgebendem Willen.«

Eine weitere Umschreibung des gleichen Prinzips spiegelt Kants festen Glauben an die Menschenwürde wider. Interessant ist dabei, dass er nicht nur die Achtung der anderen, sondern auch die Selbstachtung als wesentliches moralisches Prinzip etabliert:

>*H*andle so, dass du die Menschheit sowohl in deiner Person als auch in der Person jedes anderen jederzeit zugleich als Zweck, niemals bloß als Mittel brauchst.«

>*D*ie Pflicht gegen sich selbst besteht darin, dass der Mensch die Würde der Menschheit in seiner eigenen Person bewahre.«

Für Kant bildet der Kategorische Imperativ die notwendige Grundlage einer gerechten, moralischen Gesellschaft. Nur unter diesen Rahmenbedingungen ist ein Rechtsstaat möglich.

Die Imperative des Managens

Wenn man die Prinzipien Kants auf das Management anwendet, ist Führung keine leichte Aufgabe. Denn durch die Art und Weise, wie wir diese Verantwortung in unserem jeweiligen Einflussbereich wahrnehmen, setzen wir entweder universelle Maßstäbe, oder wir sind schlichtweg schlechte Vorbilder. Nicht nur, was die jeweilige Führungskraft sagt, sondern noch viel mehr das, was sie tut, sollte den Kriterien der Verallgemeinerung entsprechen. Im Grunde trifft das in unseren Unternehmen genau den Kern dessen, was in der Regel sowieso propagiert und angeblich angestrebt wird. Jede Organisation, die etwas auf sich hält, nimmt für sich in Anspruch, auch im moralischen Sinne eine gute Organisation zu sein. Zu diesem Zweck werden Werte und Visionen im Unternehmen verkündet und nicht selten zur Verstärkung in Hochglanzbroschüren festgehalten. Ganz im Sinne Kants bemüht man sich dabei, Standards zu setzen, die allgemein akzeptabel sind. Denn nur so können die eigenen Leitlinien anschließend auch als PR-Instrumente eingesetzt werden.

Interessant ist bei Unternehmensleitlinien vor allem die Ausformulierung des Kantschen Prinzips, dass jeder Mensch immer als Selbstzweck und nicht nur als Mittel zur Zielerreichung verstanden wird. Die Kunden eines Unternehmens haben in der Tat meist ein gutes Gespür dafür, ob sie nur als ökonomische Masse oder auch, soweit das im Rahmen unternehmerischen Handelns auf breiter Basis möglich ist, als Individuen gesehen werden. Noch sensibler sind in dieser Hinsicht natürlich die Mitarbeiter. Zwar sind wir alle regelmäßig auch Mittel zu einem bestimmten Zweck in den Augen anderer. Die gute Führungskraft stellt aber sicher, dass selbst unter rauesten Bedingungen die Menschenwürde – Kants Sichtweise, dass der Mensch letztendlich Zweck an sich ist – nicht völlig vergessen wird. Letztendlich ist das Ganze eine Frage der Unternehmenskultur. Kein Manager kann persönlich sicherstellen, dass jeder einzelne Kunde immer menschlich behandelt wird. Aber jeder Manager kann in seinem eigenen Einflussbereich eine Kultur des zwischenmenschlichen Miteinanders fördern, die entsprechende Umgangsformen ermutigt.

> *»Habe Mut, dich deines eigenen Verstandes zu bedienen.«*

Interessanterweise verschwendet Kant dabei nicht viel Zeit mit dem Zitieren bewährter Autoritäten. Nüchtern legt er die Spielregeln eines erfolgreichen, weil guten Umgangs mit unseren Mitmenschen fest. Anschließend nimmt er jeden von uns in die Verantwortung, auch die entsprechenden Resultate zu liefern. Hier sollten wir vor allem in Selbstverantwortung und gemäß unseres eigenen gesunden Menschenverstandes handeln. Zum verantwortlichen Selbstmanagement gehört auch, dass wir uns bewusst mental weiterentwickeln. Schon die entsprechende Bemühung wird dem Prinzip der Selbstachtung mehr Bedeutung verleihen und stellt zudem auch eine beachtliche Portion Selbstüberwindung dar:

»Das Schwerste am Lernen ist das Lernen lernen.«

Wir alle haben zu bestimmten Zeiten formale Ausbildungen durchlaufen. Uns aber trotzdem auf einen Prozess des kontinuierlichen Lernens einzulassen, zeugt unter anderem auch von unserer Bereitschaft, mentale Herausforderungen anzunehmen, nach Kant eine durchaus beachtenswerte Leistung. Besonders deshalb, weil in den meisten Fällen das Lernen durchaus einen Einfluss auf den weiteren Verlauf unseres Lebens hat.

»Das Ziel meines akademischen Wirkens ist gleichzeitig das Ziel meines Lebens.«

Wer sich dagegen allein darauf verlässt, dass schon seine täglichen Lebenserfahrungen zu vermehrtem Wissen und zunehmender Kompetenz führen werden, dem gibt Kant eine Warnung mit auf den beruflichen und persönlichen Weg:

»Wir glauben, Erfahrungen zu machen, aber die Erfahrungen machen uns.«

Das Leben ist nicht ganz so einfach. Ein ungesteuertes Sammeln von Erfahrungen führt eben nicht automatisch zu mehr Erkenntnis, besserem Charakter und größerem Wissen. Ansonsten wären die Ältesten auch immer die Weisesten, und das scheint nicht immer der Fall zu sein. Noch problematischer: Auch ungünstige Erfahrungen können uns prägen. Stattdessen sollten wir in der Lage sein, unsere Erfahrungen gezielt zu machen und sie unserer eigenen, von der Vernunft bestimmten Lebensweise, unterzuordnen.

>>*Die Notwendigkeit der Entscheidung reicht weiter als die Fähigkeit zum Erkennen.*<<

Gerade mit diesem Satz spricht Kant das Dilemma der Führungskraft an: Natürlich bedeutet Führung vor allem auch das Fällen von Entscheidungen. Wäre diese Aufgabe einfach, dann würden den Managern wohl kaum so viele finanzielle und machtpolitische Privilegien eingeräumt werden, wie das nicht nur in den USA, sondern in deutlich abgeschwächter Weise auch in Europa der Fall ist. Jede Führungskraft muss täglich auch dort Entscheidungen fällen, wo die bekannte Faktenlage spärlich ist, und wird dafür belohnt, unter solch vagen Bedingungen Wagnisse einzugehen. Gute Führung beweist sich hierbei nicht selten an der Frage, welche Kompromisse tragbar sind und welche nicht.

>>*Was einen Preis hat, an dessen Stelle kann etwas anderes als Äquivalent gesetzt werden; was dagegen über allen Preis erhaben ist, das hat seine Würde.*<<

Geheimdienste, Sicherheitsexperten, Zyniker und vielleicht auch viele andere denken, dass jeder Mensch seinen Preis hat und den Charakterstärkeren lediglich mehr geboten werden muss, bevor sie bereit sind, ihre Integrität aufzugeben. Kant erwartet dagegen, dass Menschen mit echter Würde über solche Manipulationsversuche letztendlich erhaben sind.

>>*Reich ist man nicht durch das, was man besitzt, sondern mehr noch durch das, was man mit Würde zu entbehren weiß.*<<

Die größte Gefahr beim Umgang mit Verlockungen ist dabei die menschliche Neigung zur übertriebenen Selbsteinschätzung. Trotz aller gelegentlichen Unsicherheiten im Umgang mit Menschen und Situationen messen wir unserem eigenen Leben, unseren eigenen Interessen und unserer eigenen Meinung meist eine sehr hohe Bedeutung bei.

>*Kein Mensch ist so wichtig, wie er sich nimmt.*«

Und gerade für das Management kann diese Sichtweise noch verdeutlicht werden:

>*Irrtümer entspringen nicht allein daher, weil man gewisse Dinge nicht weiß, sondern weil man sich zu urteilen unternimmt, obgleich man nicht alles weiß, was dazu erfordert wird.*«

GEORG W. F. HEGEL

Die KUNST *der* SYNTHESE

Georg Wilhelm Friedrich Hegel wird 1770 im württembergischen Stuttgart als Sohn eines Beamten im Verwaltungsdienst geboren. Er wächst unter dem Einfluss des protestantischen Pietismus auf. Bereits in seiner Gymnasiastenzeit befasst er sich intensiv mit den griechischen und römischen Klassikern. Von seinem Vater zum Klerikerberuf ermutigt, studiert er von 1788 bis 1793 Philosophie und Theologie in Tübingen. In dieser Zeit entwickelt er eine Freundschaft mit dem Dichter Friedrich Hölderlin und dem Philosophen Friedrich Wilhelm Joseph von Schelling. Nachdem er sich gegen den Beruf des Predigers entschieden hat, ist Hegel zuerst Hauslehrer in Bern und später auch in Frankfurt. Ab 1802 ist Hegel Dozent, ab 1805 Professor in Jena und Mitherausgeber des *Kritischen Journals der Philosophie*. Als Jena 1806 von den Franzosen eingenommen wird, flieht Hegel und wird Redakteur bei der *Bamberger Zeitung* in Bayern (1807–1808). Er ist mit dieser journalistischen Aufgabe aber nicht zufrieden und nimmt gerne das Angebot an, als Rektor für das Ägidiengymnasium in Nürnberg tätig zu werden, eine Position, die er von 1808 bis 1816 ausübt. Im Jahre 1811 heiratet Hegel die 22 Jahre jüngere Marie von Tucher. Seine Frau bekommt zwei Söhne mit ihm, die später als Historiker und Theologen tätig werden. Ab 1816 ist er Professor in Heidelberg und von 1818 an ist Hegel Nachfolger von J.G. Fichte an der Universität Berlin. Dort veröffentlicht er auch seine Hauptwerke *Logik* und *Philosophie der Geschichte* und wird 1830 zum Rektor der Universität ernannt. Im Jahre 1831 erhält er eine Auszeichnung von König Friedrich Wilhelm III. und verstirbt kurze Zeit später beim Ausbruch einer Choleraepidemie.

Die Synthese als Aufhebung von These und Antithese

Hegels Ziele sind ehrgeizig: Er will ein philosophisches System begründen, das alle Ideen seiner Vorgänger zu einem konzeptuellen Rahmenwerk zusammenfasst und eine Gesamtschau der Realität ermöglichen würde. Dabei postuliert er die Existenz des absoluten Geistes: Hegel glaubt an die Macht des Kollektiven, was die Weiterentwicklung der menschlichen Zivilisation anbelangt. Er erkennt zwar an, dass hervorragende Talente wie Kant die Menschheit in ihrer Erkenntnis entscheidend vorangebracht haben. Aber er glaubt, dass es eine Art »allgemeines Bewusstsein« ist, was große Denker jeweils zu ihren herausragenden Ideen inspiriert. Wenn die Zeit reif ist, weil die Menschen so weit gereift sind, dass eine Idee willkommen geheißen wird, wird es einen Denker geben, der gerade diese Ideen, welche die Gemeinschaft erwartet, formuliert. Und genau diese Gedanken werden dann bereitwillig aufgegriffen. Alle anderen Vorstellungen und Ideen müssen darauf warten, bis »ihre« Zeit kommt; und nicht selten ist der entsprechende Denker dann bereits tot. Die Aufgabe der Philosophie ist es nach Hegel deshalb, die Entwicklung dieses absoluten Geistes zu beschreiben.

Für Hegel vollzieht sich die Wirklichkeit nach objektiven und subjektiven Gesichtspunkten. Subjektiv ist dabei er die Notwendigkeit, vom Bewusstsein zum absoluten Wissen fortzuschreiten, objektiv die analoge Weiterentwicklung der Wirklichkeit selbst. In diesem Sinne glaubt Hegel an die wirklichkeitsgestaltende Kraft des menschlichen Bewusstseins. Hier werden die Dinge zuerst über die Sinne erkannt. Dabei ist es aber nicht leicht, die Wahrheit von Fehlinformationen zu unterscheiden. Ein wichtiges Prinzip ist deshalb die »Auseinandersetzung«, die These und Antithese provoziert.

Jede Idee kann nur dann ihre Gültigkeit beweisen, wenn sie von einer gegenteiligen Meinung in Frage gestellt wird. Aus diesem Dialog erwächst letztendlich die Synthese, die eine optimierte Lösung aus der Konfrontation zwischen These und Antithese darstellt. Die wahre Erkenntnis entwickelt sich dadurch weiter, dass jede Synthese, die aus der realen Konfrontation zwischen These und Antithese erwuchs, wiederum zu einer These wird, die erneut durch eine Antithese in Frage gestellt wird. Auf diese Weise wird die Wahrheit über einen fortlaufenden Prozess von synthetischer Auflösung durch Thesen und Antithesen vorangetrieben. Hierbei verkörpert die Synthese das Prinzip des Werdens und die Grundlage jeglicher Weiterentwicklung. Diese Dialektik ist nicht nur ein Weg zur Erkenntnis der Wahrheit, sie ist letztlich der Weg zur Weiterentwicklung der Wirklichkeit. Nach Hegel gibt es keine endgültigen Wahrheiten: Unsere Erkenntnis und unsere Wirklichkeit befinden sich in einem beständigen Fluss, und unsere Bereitschaft, über These und Antithese zu mehr Erkenntnis zu finden, treibt diesen Prozess voran.

Ein wichtiger Aspekt von Hegels Dialektik ist das Konzept der »Entfremdung«. Hegel meint damit den degenerativen Prozess, den Menschen durchlaufen, wenn sie sich von ihren eigenen Erkenntnissen aus unterschiedlichen Motiven so weit entfernen, dass keine korrekte einheitliche Sichtweise mehr möglich ist, wobei dabei nicht nur die Wahrheit auf der Strecke bleibt, sondern auch die Beteiligten diesen Mangel als schmerzhaft erfahren. Die Marxisten haben dieses Konzept später auf die Situation des Proletariats übertragen, das, weil es nicht an den positiven Ergebnissen seiner Bemühungen beteiligt ist, in seiner Arbeit dem Phänomen der Entfremdung unterliegt.

Managementwahrheiten

Nach Hegel befinden wir uns in einem Prozess der ständigen Weiterentwicklung durch These und Antithese. Führungskräfte glauben jedoch nicht selten, dass Widerspruch per se negativ ist, weil er zumindest ihre Autorität untergräbt. Für Hegel ist eine ernsthafte Weiterentwicklung in jedem Bereich aber erst durch intelligente Widersprüche möglich. Aus seiner Sicht entwickelt sich die Menschheit nur deswegen weiter, weil Behauptungen auf vehementen Widerspruch stoßen, und die daraus resultierenden Konflikte bei ihrer Auflösung letztendlich zu überzeugenderen Lösungen führen. Die Konsequenzen für Manager sind offensichtlich: Statt Widerspruch grundsätzlich negativ zu beurteilen, sollte er als Mittel zur Weiterentwicklung verstanden werden. Auf Unternehmensebene spricht Hegels Sichtweise für eine gesunde Streitkultur. Nur eine Organisation, die für konstruktive Gegenvorschläge offen ist, kann langfristig die Zukunft mit Erfolg meistern. Dies schränkt übrigens unsere Möglichkeiten, schlichtweg dumme Einwände abzulehnen, keineswegs ein. Ein Fortschritt ist nur möglich, wo respektable Ansichten auf ebenso respektable Gegenargumente stoßen. Nach Hegel ist das ein wünschenswerter Prozess, der, richtig ausgeführt, das menschliche und damit auch das unternehmerische Wissen vorantreiben wird.

> »Was vernünftig ist, das ist wirklich; und was wirklich ist, das ist vernünftig.«

Dieser Prozess der auf Vernunft basierenden Ausarbeitung von These und Antithese führt zu wirklichen Ergebnissen. Wir können in der Realität feststellen, dass Fortschritte erzielt wurden. Dabei gibt es keine Ausnahmen. Wir können uns nicht beliebige Realitäten schaffen. Wir alle haben nur eine Welt, und mit der müssen wir, wohl oder übel, zurechtkommen.

»Wer die Welt vernünftig ansieht, den sieht auch sie vernünftig an. Beides ist in Wechselbestimmung.«

Wirtschaftliche Aufgaben stellen immer auch eine persönliche Herausforderung dar. Natürlich geben wir gerne widrigen Umständen, intrigierenden Rivalen oder unfairen Praktiken der Konkurrenz die Schuld, wenn Projekte versagen. Im Grunde aber bleibt eine endgültige Wahrheit: Wenn wir wirklich gut in dem sind, was wir tun, dann werden wir auch die entsprechenden positiven Früchte ernten. Versagen wir stattdessen bei unseren jeweiligen Aufgaben, dann wird uns das Grundprinzip der Realität einholen: Dass die Qualität des Einsatzes und die Resultate in dieser Welt letztendlich in engem und logischem Zusammenhang stehen. Die größte Gefahr für erfolgreiche Manager besteht jedoch oft darin, Dass die Verwirklichung persönlicher Interessen leicht mit beruflicher Aufgabenerfüllung verwechselt wird:

»Man muss, wenn von Freiheit gesprochen wird, immer wohl Acht geben, ob es nicht eigentlich Privatinteressen sind, von denen gesprochen wird.«

Natürlich besteht, angesichts der Effektivität von unternehmenspolitischen Ansätzen, immer die Frage, ob das Finden der Wahrheit überhaupt eine Rolle spielt. Hegel zeigt sich hier aber zuversichtlich, und sein eigenes Leben hat dieser These nicht widersprochen:

»Wahrheit ist es, vor der die Meinung erbleicht.«

Diese Aussage war wohl noch nie zutreffender als heute. Wir haben mittlerweile ein globales System der Kommunikation und Analyse entwickelt. Wenn heute irgendwo etwas schiefläuft, dann wird das nicht nur in diversen Fachmagazinen verbreitet, sondern weltweit über Internet. Wir leben in einer Zeit, in der die Meinung in der Tat schneller der Wahrheit weichen muss, als es so manchem lieb ist.

Auch sollten wir uns als Generalisten nicht zu sehr auf unseren

Lorbeeren ausruhen. Gerade im 21. Jahrhundert ist es von entscheidender Bedeutung, auch im Management konkret für etwas einzustehen. Im Grunde ist es ein Zeugnis für Hegels Brillanz, dass er schon zu seiner Zeit, und obwohl er als universelles Genie bekannt ist, trotzdem an diesem Erfolgsprinzip festhält:

> »*Wer etwas Großes will, der muss sich zu beschränken wissen, wer dagegen alles will, der will in der Tat nichts und bringt es zu nichts.*«

Hegel glaubt an die Macht der Konzentration auf die eigenen Kräfte und Talente. Wir mögen vielleicht in der Lage sein, viele verschiedene Dinge in Angriff zu nehmen, aber wir können in der Regel nur eine Sache zu einer bestimmten Zeit mit optimaler Konzentration verfolgen. Der »Hans Dampf in allen Gassen« mag im Unternehmen zwar beliebt sein, weil er für jeden jederzeit in die Bresche springen kann, aber nur derjenige, der sich auf bestimmte Aufgaben mit all seiner Kraft konzentriert, kann einen bleibenden Eindruck hinterlassen und entscheidende Impulse geben. Bei all unseren Bemühungen sollten wir jedoch nie vergessen, dass wir unserer eigenen Persönlichkeit nicht entfliehen können. Wir alle haben naturgegebene Stärken und Schwächen, und je mehr wir lernen, mit diesen Realitäten Frieden zu schließen, desto mehr Aussicht auf Erfolg haben wir in unserem eigenen Umfeld.

> »*Glücklich ist derjenige, welcher sein Dasein seinem besonderen Charakter, Wollen und Willkür angemessen hat und so in seinem Dasein sich selbst genießt.*«

Bevor wir voranpreschen, sollten wir zuerst einmal herausfinden, wo unsere wahren Talente wirklich liegen. Wir alle haben einzigartige Fähigkeiten und Potenziale. Wenn wir lernen, diese in besonderer Weise zum Einsatz zu bringen, werden wir auch gesicherten Erfolg im Leben erfahren. Dort, wo unsere Stärken liegen, müssen wir uns weder verstellen noch falsche Tatsachen vorspiegeln, sondern können einfach ungestört die Früchte unseres eigenen Einsatzes genießen. Dies bedeutet jedoch nicht, voller Selbstherrlichkeit im Werte unserer angenommenen richtigen Ansichten und gewonnenen Anschauungen zu schwelgen. Erfahrungen zu sammeln ist absolut nicht gleichbedeutend mit Erkenntnisgewinn.

> *»Je mehr du gedacht, je mehr du getan hast, desto länger hast du selbst in deiner eigenen Einbildung gelebt.«*

Vermeintliche Sicherheiten sind nach Meinung aller Philosophen etwas, auf das wir nur mit Vorsicht vertrauen sollten. Nicht selten erweisen sie sich im Nachhinein als trügerisch. Ganz im Sinne Heraklits, dessen Sicht der Welt er teilte, ermahnt uns Hegel daher:

> *»Es ist nichts beständiger als die Unbeständigkeit.«*

FRIEDRICH NIETZSCHE
Der MUT zur FÜHRUNG

Friedrich Nietzsche wird 1844 in einem lutherischen Pfarrhaus in Röcken geboren. Im Alter von fünf Jahren verliert er seinen Vater, der vom preußischen König Friedrich Wilhelm IV. zum Pastor ernannt worden war, und wächst in einem Frauenhaushalt auf. Die Familie zieht 1850 nach Naumburg um, wo Nietzsche ab 1858 die Schulpforte, das führende deutsche protestantische Gymnasium, besucht. Die Schule legt viel wert auf philosophische Studien und Nietzsche ragt durch seine Leistungen heraus. Ab 1864 studiert er an der Universität Bonn Theologie und klassische Philologie. Nebenbei komponiert er eine Reihe von Musikstücken, die deutlich den Einfluss Schumanns zeigen. Nach nur zwei Semestern folgt er seinem Professor Friedrich Wilhelm Ritschl an die Universität Leipzig. Im Oktober 1867 tritt Nietzsche in den Militärdienst, wonach er infolge einer Verletzung 1868 seine Studien in Leipzig wieder aufnimmt. Als eine Professur in klassischer Philologie in Basel frei wird, setzt sich Ritschl so sehr für Nietzsche ein (unter anderem mit der Behauptung, er hätte in seinen 39 Jahren nie einen Studenten mit so grenzenlosem Talent getroffen), dass die Universität Basel ihm allein aufgrund seiner bisherigen Veröffentlichungen den Doktortitel ohne Dissertation verleiht und ihn im Jahre 1869 zum außerordentlichen Professor ernennt. Im nächsten Jahr nimmt Nietzsche die Schweizer Staatsbürgerschaft an und wird ordentlicher Professor. Als freiwilliger Krankenhelfer im Deutsch-Französischen Krieg zieht er sich während einer Beurlaubung vom Universitätsdienst bleibende Gesundheitsschäden zu. Im Jahre 1879 gibt er deshalb endgültig seine Professur in Basel auf. Die nächsten zehn Jahre verbringt Nietzsche mit Bücherschreiben und Aufenthalten in unterschiedlichen Pensionen in der Schweiz, der Französischen Riviera, Deutschland und Italien. Besonders liebt er auch seine Besuche in Sils-Maria im Inntal. Zwischen 1883 und 1885 veröffentlicht er *Also sprach Zarathustra*, sein literarisches und philosophisches Meisterwerk. Ebenso wie seine früheren und seine zwei späteren Bücher, darunter *Jenseits von Gut und Böse* widerfährt diesem Buch nur geringe öffentliche Aufmerksamkeit, geschweige denn Anerkennung. 1888 folgt ein Jahr extremer Produktivität, es ist aber gleichzeitig Nietzsches letztes Jahr geistiger Wachheit. Im Januar 1889 erleidet Nietzsche in den Straßen von Turin einen völligen Nervenzusammenbruch. Die nächsten elf Jahre verbringt er in psychiatrischen Einrichtungen in Basel, Naumburg und Weimar. 1900 verstirbt Nietzsche, wahrscheinlich an den Folgen einer tertiären Syphillis.

Das Potenzial des Menschen

In seiner Reifezeit ist Nietzsche ein überzeugter Individualist. Was jedoch die Individualität eines Menschen ausmacht, kann seiner Meinung nach keiner allgemeinen Definition unterliegen, weil dies wiederum eine Einschränkung des Entwicklungspotenzials jedes Einzelnen mit sich bringen würde. Sein besonderes Interesse gilt der Frage, wie Menschen ihre jeweiligen Wertvorstellungen entwickeln. Je nachdem, wie ein Mensch diese Frage für sich selbst beantwortet, entscheidet sich, ob er eine Existenz als menschliches Herdentier fristet oder sich zum »Übermenschen« weiterentwickelt.

Der Übermensch ist frei vom Herdentrieb der breiten Masse, deren Mitglieder sich aus einem Streben nach Sicherheit bereitwillig an die Allgemeinheit anpassen und das jeweils gängige Weltbild übernehmen, ohne es kritisch zu hinterfragen. Eine solche Herdenmentalität begrenzt nach Nietzsche in entscheidender Weise das Potenzial des Menschen, weil sie neue Denk- und Handlungsweisen verhindert.

> »*Die Massen sind erstens verschwimmende Kopien der großen Männer, zweitens Widerstand gegen die Großen, drittens Werkzeuge der Großen.*«

Die Masse der Menschen spiegelt dabei einerseits die prägenden Einflüsse großer Persönlichkeiten der Vergangenheit unkritisch wider, sie lehnt aber auch große Geister nicht selten ab, wenn deren Vorstellungen nicht ins gängige Denkschema passen. Zudem lassen sich die Massen leicht manipulieren und als Spielball der Mächtigen missbrauchen. Der Übermensch ist dagegen in seinem Denken und Handeln selbstsicher und unabhängig von Traditionen und gesellschaftlichen Diktaten. Gerade die Wertvorstellungen, die jeder für sich selbst akzeptiert, sind für Nietzsche ein entscheidender Test. Dabei greift er besonders das traditionelle Christentum an, weil es seiner Meinung nach Werte propagiert, die eher einer Sklaven- als einer Herrenmentalität entspringen. Als Parabel dient ihm dabei der altpersische Priester und Prophet Zarathustra, nach dessen dualistischer Lehre die Welt in die Grundprinzipien von Gut und Böse zerfällt und die Menschen sich letztendlich für eine Seite entscheiden müssen. Für Nietzsche folgt der Übermensch nur den Werten, die er für sich selbst als gültig erachtet hat. Hier verwirklicht er in relevanter Weise den »Willen zur Macht«, den Nietzsche als unterschwellige Grundlage allen menschlichen Verhaltens sieht. Beim Willen zur Macht geht es auch um Fragen des eigenen Wachstums und Weiterbestehens. Im Idealfall drückt sich dieser Wille zur Macht nicht einfach nur als ein Bestreben nach Macht über andere aus, sondern ist vor allem ein Bemühen um Macht über sich selbst und daher Basis für echte menschliche Kreativität.

>**D**em wird befohlen, der sich nicht selbst befehlen kann.«

Obwohl Nietzsche nicht glaubt, dass ein solcher Übermensch bereits in Erscheinung getreten ist, erwähnt er doch Jesus, Sokrates, Leonardo da Vinci, Shakespeare und Goethe sowie Julius Caesar und Napoleon als solche. In seiner extremen Individualität eignet sich der von Nietzsche postulierte Übermensch eigentlich besonders schlecht für totalitäre Massenbewegungen. Jedoch sind Nietzsches Ideen, vor allem durch die Art und Weise, wie seine Schwester Elisabeth nach seinem Tod ihre Kontrolle über die Rechte an seinen Schriften ausgeübt hat, in diesem Kontext gerne fehlinterpretiert worden.

Auch der Begriff Nihilismus wird vor allem mit Nietzsches Ausführungen in Zusammenhang gebracht. Und in der Tat stammt: »Gott ist tot« von Nietzsche, der damit alle auf Spiritualität begründeten Werte und Sinnvorstellungen in Frage stellt. Dies war von ihm jedoch nicht als atheistische Agitation, sondern vielmehr als kulturelle Analyse gemeint. Der Verlauf der Geschichte gibt ihm anscheinend Recht: Der Westen leidet offenbar mehr als andere Kulturen zunehmend an einem Gefühl geistiger Orientierungslosigkeit. Seit Nietzsches Tod sah der Westen zwei Weltkriege, extremen Nationalismus, bedenkenlose Eliminierung von Konkurrenten und den Versuch, die Welt zu erobern. Dies alles sind nach Nietzsche Folgen eines vermehrten allgemeinen Werteverfalls.

>**D**ie Zeit für kleine Politik ist vorbei. Schon das nächste Jahrhundert bringt den Kampf um die Erdherrschaft.«

Nietzsche weigert sich aber, externe und hohle Werte deshalb als Lösung des Problems zu sehen. Auch angesichts der Gefahr eines

Nihilismus kann der Übermensch nur mit Werten übereinstimmen, die er selbst in Unabhängigkeit und Eigenständigkeit gewählt hat und entsprechend vertreten kann. Dabei gibt es nach Nietzsche aber keine absoluten Werte. Eine jede Sichtweise ist notwendigerweise die Sicht aus einer bestimmten Perspektive. Wissen kann nicht im perspektivlosen Raum entstehen. Auf der anderen Seite ist es deshalb auch nicht möglich, absolutes Wissen und absolute Werte zu etablieren. Perspektivisch geprägtes Wissen ist naturgemäß unvollkommen. Letztendlich geht es beim Wissenserwerb aber auch gar nicht darum, absolute Wahrheiten zu entdecken. Vielmehr ist das Ziel, aufgrund des gewonnenen Wissens zu höherer Effektivität im Leben zu gelangen.

> *»Tatsachen gibt es nicht, nur Interpretationen.«*

> *»Erkennen heißt: Alle Dinge zu unserem Besten verstehen.«*

Ein Test für den Übermenschen ist der Wunsch nach der ewigen Wiederkehr des Gleichen. Im Kern heißt das, dass der Übermensch bereit ist, sein Leben unendlich zu wiederholen, weil er so gelebt hat, dass es nichts zu bereuen gibt. An anderer Stelle deutet Nietzsche aber auch an, dass er mit diesem Prinzip nur meint, wir erlebten immer wieder die gleichen Situationen, beispielsweise, weil wir nicht wirklich fähig zu Veränderungen sind. Nietzsche selbst würde es wohl dem Individuum überlassen, dieses Konzept entsprechend individuell zu interpretieren.

Der Mut zum Führen

Offensichtlich ist, dass Nietzsche nur dem Übermenschen überhaupt die Fähigkeit zu echter Führung zutraut. Denn wahre Führungskräfte sind Individuen. Die »Oberschafe« in der Schafherde können keine Richtung vorgeben, sie können lediglich die Masse der Herde in vorgegebene Bahnen lenken. Das ist für die Herde sogar nützlich, solange die Richtung stimmt. Richtungsbestimmend sind aber die Individuen an der Spitze, falls sie überhaupt für solche Aufgaben zur Verfügung stehen. Nicht jeder, der führen könnte, will auch führen. Jede Führungskraft muss sich aber daran messen lassen, inwieweit sie den Mut aufbringt, das zu tun, was sie angesichts der jeweiligen Situation für das Richtige hält. Und das gleiche Kriterium gilt nach Nietzsche für uns alle im Hinblick auf unsere eigene Lebensführung:

> »*Auch der Mutigste von uns hat nur selten den Mut zu dem, was er eigentlich weiß.*«

In der Tat ist nicht die Ignoranz, zumindest die oberflächliche, unser Hauptproblem. Es ist die Furcht vor den Konsequenzen, die uns davon abhält, das zu tun, was wir gerade für richtig halten. Manchmal stellt sich das im Nachhinein als gut heraus, denn wir haben nicht immer Recht. Aber gerade Manager müssen den Mut aufbringen, das zu tun, was sie für richtig halten. Und zwar auch dann, wenn die Entscheidung Karrierefragen aufwirft. Für die Frage, ob wir nicht nur umsichtig, sondern feige sind, hat Nietzsche einen Test bereit:

> »*Mutige Leute überredet man dadurch zu einer Handlung, dass man dieselbe gefährlicher darstellt, als sie ist.*«

Erfolgreiche Unternehmen sind immer noch eine Seltenheit, wenn man die jährlichen Pleiten und die üblichen mittelmäßigen Performer im Vergleich zu denjenigen sieht, die seit ihrer Gründung die meiste Zeit gute Renditen erwirtschaften. Und nicht selten gibt es in diesen Unternehmen Führungskräfte, die mutig voranpreschen, wenn sie es für nötig halten – und dabei auch in punkto Karriere nicht schlecht fahren. Bereits Nietzsche sieht eine enge Verknüpfung von Wirtschaft und Machtausübung:

>»*Geld ist das Brecheisen der Macht.*«

Das soll jedoch nicht heißen, dass der Einsatz finanzieller Mittel grundsätzlich verwerflich wäre. Selbst Regierungen setzen diese oft als sanfte Überredung ein. Und einem Unternehmen bleibt sowieso nur die finanzielle Option. Trotzdem muss sich eine gute Führungskraft finanzieller Verlockungen bewusst sein und darf sich davon nicht von den eigenen Werten ablenken lassen. Interessant ist ebenfalls, wie Nietzsches Worte die Bedingungen beschreiben, unter denen die globale Wirtschaft heute funktioniert:

>»*Heute ist die Utopie vom Vormittag die Wirklichkeit vom Nachmittag.*«

Er sieht aber auch die Kehrseite dieser Beschleunigung und des Verlustes eines festgefügten Wertesystems:

>»*Allgemein ist die Hast, weil jeder auf der Flucht vor sich selbst ist.*«

>»*Bei der ungeheuren Beschleunigung des Lebens werden Geist und Auge an ein halbes und falsches Sehen und Urteilen gewöhnt.*«

Und schon Nietzsche konstatiert, dass sich Gesellschaft und Wirtschaft an diese Oberflächlichkeit des Denkens anpassen:

>»*Sind doch alle Ordnungen des Menschen darauf eingerichtet, dass das Leben in einer fortgesetzten Zerstreuung der Gedanken nicht gespürt werde.*«

Die »Brot-und-Spiele«-Mentalität unserer heutigen Gesellschaft scheint dieser Sichtweise Recht zu geben: Sehr viele Menschen im Westen suchen offenbar ein Entertainment von der Wiege bis zur

Bahre und ziehen ein Leben aus zweiter Hand (»Big Brother«, Talkshows, Soaps) dem eigenen intensiven Erleben vor. Eine Tendenz, die vor allem im Marketing, aber auch für die Mitarbeiterführung von Bedeutung ist.

>*Wir leben in einem System, in dem man entweder Rad sein muss oder unter die Räder gerät.«*

Vordergründig scheint Individualität im schnellen Räderwerk der globalen Wirtschaft nicht gefragt. Selbst im kleinen Rahmen ist die Teamarbeit die bevorzugte Arbeitsform. Und doch sind es die Leistungen von Individuen, wie beispielsweise Jack Welch, dem früheren Chef von General Electric, die öffentlich gefeiert werden. Und dies gar nicht so sehr wegen der Geschäftsergebnisse allein, sondern vor allem wegen ihres Mutes zur Individualität. Jack Welch fiel zuerst negativ auf, weil er radikal als »Neutronen-Jack« Arbeitsplätze »wegbombte«. Später wurde er gerühmt wegen seiner ebenso radikalen Umsetzung klarer Visionen und Werte im Unternehmen. Auch Nietzsche glaubt an die motivierende Macht der Vision:

>*Wer ein Warum hat, dem ist kein Weg zu schwer.«*

Meist sind es die Visionäre, die eine Unternehmensentwicklung zielgerichtet vorantreiben. Aber jeder Visionär muss auch ein mutiger Macher sein, der sich nicht vom System so einengen lässt, dass er ineffektiv wird. Viele schrecken nur deshalb vor gewagten Zielen zurück, weil sie Angst vor dem möglichen Versagen haben:

>*In Wahrheit heißt etwas wollen, ein Experiment machen, um zu erfahren, was wir können.«*

Der sicherste Weg zum Erfolg liegt immer im vollen, kontinuierlichen Einsatz der eigenen Kräfte und Talente:

>*Kein Sieger glaubt an den Zufall.«*

»Alle Großen waren große Arbeiter.«

»Das geringste Schaffen steht höher als das Gerede über Geschaffenes.«

Gerade die Leistungen der Vergangenheit dürfen nicht den Blick dafür trüben, dass in einer globalisierten Wirtschaft ein ständiger Fluss an hoher Kreativität und hohem Einsatz die Voraussetzung für den zukünftigen Erfolg ist. Aber der Erfolg einer Führungskraft hängt in starkem Maße von der Motivation ab, die hinter den Führungsbemühungen steht.

»Die Menschen drängen sich zum Lichte, nicht um besser zu sehen, sondern um besser zu glänzen.«

Das Erklettern der Karriereleiter geht zumeist einher mit höherem Sozialprestige. Mittelmäßige Manager streben höhere Positionen vor allem wegen besserer Belohnungen an. Den wirklich guten geht es vor allem darum, mit ihren Visionen, Wertvorstellungen und Strategien effektive Beiträge zur positiven Weiterentwicklung und zum Erfolg ihrer Organisationen zu leisten. Bei gleichem Talent kann allein diese Einstellung einen großen Unterschied in der Lebensleistung eines Managers ausmachen. Vieles ist lediglich eine Frage der Gewichtung und der Prioritäten. Wer dabei vor der wahren Führungsverantwortung zurückschreckt, der betrügt vor allem auch sich selbst um die einmaligen Chancen, die ihm seine Führungsaufgaben bieten.

»Der Mensch ist unendlich größer als der Mensch.«

Zumindest potenziell trifft dies auf uns alle zu, und es liegt an uns, diesen Möglichkeiten gerecht zu werden.

KARL R. POPPER
Die FALSIFIZIERBARKEIT von WISSEN

Der spätere Brite Sir Karl Raimund Popper wird 1902 in Wien geboren. Seine Erziehung verläuft in den typischen Bahnen des zeitgenössischen Bildungsbürgertums. Bereits in jungen Jahren interessiert er sich für philosophische Fragen. In einer Diskussion mit seinem Vater, einem Rechtsanwalt, wird ihm klar, dass es sinnlos ist, über die »wahre Bedeutung« von Wörtern zu streiten. Viel wichtiger als die Details der Wortwahl ist die Bedeutung des jeweiligen Diskussionsgegenstandes. Als 16-jähriger verlässt er frühzeitig die Mittelschule und schreibt sich als Gasthörer an der Universität von Wien ein. Dort besucht er Vorlesungen zu zahlreichen Themen wie Philosophie, Physik, Geschichte, Musik und Psychologie. Von 1920 bis 1922 schlägt er sich als Hilfsarbeiter durch. Nach einem Jahr am Wiener Konservatorium gibt er seinen Abstecher in die Kirchenmusik wieder auf. 1922 beginnt er eine Tischlerlehre und besteht die Reifeprüfung als Privatschüler. Später folgt eine Prüfung für die Zulassung als Volksschullehrer und ein Studium am Pädagogischen Institut. 1928 promoviert er zum Thema »Zur Methodenfrage der Denkpsychologie« bei dem Sprachtheoretiker Karl Bühler und ist ab 1930 Hauptschullehrer für Mathematik und Physik. Vor dem drohenden Einmarsch der Nationalsozialisten in Österreich wandern Popper und seine Frau 1937 nach Neuseeland aus. Dort wird Popper Dozent für Philosophie an der Universität von Christchurch. Das Ehepaar Popper zieht später nach Großbritannien um, und Popper lehrt ab 1945 an der London School of Economics. 1949 wird er Professor für Logik und Wissenschaftsmethodik an der Universität London. 1965 wird Popper von der englischen Königin in den Adelsstand erhoben. 1969 erfolgt seine Emeritierung. Bis zu seinem Tode 1994 bleibt Popper als Philosoph hochaktiv, hält Vorträge und veröffentlicht eine Vielzahl von Aufsätzen.

Die Bedeutung des Nichtwissens

Karl Popper ist sein Leben lang ein sehr engagierter Mensch. Er liefert nicht nur wesentliche Beiträge zur Wissenschaftstheorie, er nimmt auch zu politischen Fragen offensiv Stellung und ist nebenbei ein Musiker und Komponist von hohem Range. Popper gilt als Begründer des sogenannten »Kritischen Rationalismus«. Bei dieser Denkrichtung steht die Überzeugung im Vordergrund, dass wesentliche wissenschaftliche und gesellschaftliche Fragen am ehesten durch eine kritische, rationale Diskussion und Überprüfung zufrieden stellend beantwortet werden können. Ganz besonders interessiert Popper hierbei, wie das wissenschaftliche Denken von anderen Fragestellungen abgegrenzt werden kann. Bei diesem sogenannten Abgrenzungsproblem geht es vor allem darum, was Wissenschaft und was Pseudowissenschaft ist. Popper versucht, Kriterien aufzustellen, nach denen man eine Aussage als wissenschaftlich oder nicht erkennen kann. Bereits in seinem 1934 erschienenen Buch *Logik der Forschung* beschreibt Popper seine Falsifizierbarkeitstheorie als Grundlage für die Abgrenzung wissenschaftlicher von allgemeinen Aussagen. Für ihn ist eine wissenschaftliche Aussage immer falsifizierbar – nur diejenigen, die im Prinzip durch Gegenbeispiele widerlegt werden könnten, haben überhaupt den Anspruch, wissenschaftliche Aussagen zu sein.

»Insofern sich die Sätze einer Wissenschaft auf die Wirklichkeit beziehen, müssen sie falsifizierbar sein, und insofern sie nicht falsifizierbar sind, beziehen sie sich nicht auf die Wirklichkeit.«

Eine grundlegende Konsequenz aus diesem Falsifizierbarkeitskriterium ist, dass wir die Welt nie wirklich erfassen können. Wir können zwar wissenschaftliche Theorien entwickeln, und solange diese Thesen nicht durch empirische Fakten widerlegt werden, unsere Modelle als ein Abbild der Wirklichkeit betrachten. Aber wir können uns nie unserer Sichtweisen sicher sein. Denn wir können zwar Theorien gelegentlich widerlegen, wir können aber nie beweisen, dass sie stimmen, weil wir niemals ausschließen können, dass es in Zukunft einen Weg geben wird, diese Theorie eines Tages doch noch zu falsifizieren. Über den Umweg der Falsifizierung wächst deshalb kontinuierlich unser Wissen über das, was nicht zutrifft. Nur kennen wir keinen Weg, mit völliger Sicherheit zu bestimmen, was absolut wahr ist. Solange unsere Erkenntnis über den Bereich des Nichtwissens jedoch zunimmt, vermeiden wir leichter entscheidende Irrtümer und verbessern dadurch unsere Lebensqualität.

»Ich weiß nichts, wir wissen nichts.«

Im Gegensatz zu wissenschaftlichen sind pseudowissenschaftliche Aussagen nicht falsifizierbar. Sie klingen trotzdem häufig höchst wissenschaftlich. Bei genauerer Betrachtung zeigt sich aber, dass Behauptungen dieser Art so formuliert sind, dass sie immer, unabhängig von den beobachtbaren Fakten, zutreffen. Als Beispiele führt Popper die marxistische Ideologie und einige psychoanalytische Theorien an. Für beide Denksystemen trifft seiner Meinung nach zu, dass selbst gegensätzliche Ereignisse immer noch – im Rahmen der Theorie – als Bestätigung der jeweiligen Thesen aufgefasst werden können. Deshalb sind Theorien, die so gehalten sind, dass sie durch kein Ereignis der Welt widerlegt werden können, nicht wissenschaftlich. Sie drehen sich im Kreise und bringen uns in unserer Erkenntnis nicht weiter. Deshalb bleibe einem Vertreter einer Ideologie, deren Grundthese »Alle Schwäne sind weiß« lautet, bei einer Konfrontation mit einem schwarzen Schwan nichts anderes übrig, als zu behaupten, dass dies gar kein Schwan sein könne, weil ja, wie jeder weiß, alle Schwäne weiß sind.

Für die Wissenschaftstheorie ist von Bedeutung, dass Popper grundsätzlich das Prinzip der Induktion als wahrheitsgebend ablehnt. Egal, wie viele Beispiele wir beobachten mögen: Es ist falsch, daraus zu schließen, dass eine Aussage allgemein zutrifft, weil sie sich an vielen Beispielen bewährt hat. In einem Interview wurde Popper die Frage gestellt, ob die Tatsache, dass alle Menschen, die bisher gelebt haben, gestorben sind, nicht den Schluss zulässt, dass wir Menschen sterblich sind. Mit einem Augenzwinkern soll er geantwortet haben, dass er und der Interviewer durchaus die ersten beiden Unsterblichen sein könnten.

Auch die frühere Auffassung, erste Beobachtungen würden zu einer Hypothese führen, weitere Bestätigungen dann zu einer Theorie, lehnt Popper ab. Für ihn entstehen Hypothesen vor allem aus der Intuition der beteiligten Wissenschaftler. Erst danach werden Experimente durchgeführt. Dabei versucht ein guter Wissenschaftler vor allem, seine intuitive Hypothese durch konkrete Versuche zu widerlegen. Diejenigen Hypothesen, die trotz extensiver Widerlegungsversuche nicht in ihrer Gültigkeit diskreditiert werden können, haben den höchsten Anspruch darauf, wahrscheinlich zu stimmen. Aber Sicherheit gibt es nicht, weil man Hypothesen und Theorien nie durch Versuche beweisen (denn eine unendliche Serie von Versuchen ist nicht möglich), sondern nur widerlegen kann. In diesem Sinne können Theorien nur als mehr oder weniger wahrheitsnah eingestuft werden.

Neben seinen Beiträgen zur Wissenschaftstheorie erregt Popper viel Aufsehen mit seinem Buch *Die offene Gesellschaft und ihre Feinde* (1945). In gesellschaftspolitischen Fragen vertritt Popper die Ansicht, dass es eine der Hauptaufgaben einer Regierung sei, das Leiden ihrer Bürger so weit wie möglich zu minimieren. Dabei ist seiner Meinung nach weniger die Frage von Bedeutung »Wer soll regieren?«, als »Wie können wir eine schlechte Regierung vermeiden?«. Diese Voraussetzungen sind nach Popper am besten in einer Demokratie gegeben, in der eine Regierung ohne Revolution abgelöst werden kann.

> »*Die Frage, wer herrschen soll, ist falsch gestellt. Es genügt, wenn eine schlechte Regierung abgewählt werden kann. Das ist Demokratie.*«

Besonders interessiert Popper (der sich selbst sogar für kurze Zeit als Marxist verstand) dabei die Frage, was wichtiger ist: Freiheit oder Gleichheit. Er kommt zu dem Schluss, dass Freiheit wichtiger ist, und die Frage der Gleichheit deshalb mit Vorsicht angegangen werden muss.

Popper sieht Platon als größten Philosophen aller Zeiten. Aber er lehnt dessen Vorstellung vom philosophenregierten Staat als totalitär ab, was ihn längere Zeit in der Philosophenzunft in Misskredit bringt. Nicht wer regiert, sondern was die Regierung bewirkt, ist nach Popper das entscheidende Kriterium.

Kritischer Rationalismus im Management

Ein berüchtigtes Beispiel für die Illusion der Unternehmen, man hätte die eigenen Strategien und Methoden bereits optimiert, ist die Art und Weise, wie neue Produkte und Dienstleistungen entwickelt werden: Unternehmensexterne Erfinder erleben die Fixierung eines

Unternehmens auf eigene Methodik und Ideen vielleicht am extremsten: »Nicht hier erfunden« ist ein häufig bemühter Grund, warum sogar brillante Erfindungen in etablierten Unternehmen nur selten ein Zuhause finden. Meistens muss der Erfinder sein eigenes Unternehmen gründen, wenn er seine Ideen erfolgreich vermarkten will. Nicht selten ist das sowohl für den wenig wirtschaftserfahrenen Erfinder als auch für das Unternehmen, das neue Chancen nur deshalb ablehnt, weil die Idee nicht von den eigenen Mitarbeitern stammt, eine weniger ideale Lösung. Häufig liegen solchen Situationen nur simple Egoismen zugrunde: Die Experten im Unternehmen wollen nicht zugeben, dass ein Außenstehender eine bessere Idee hatte. Kritischer zu beurteilen ist jedoch die Überzeugung, zumindest bei erfolgreichen Unternehmen, dass keine Kursänderung notwendig sei, da man bisher durchaus erfolgreich gewirtschaftet habe. Würde man Popper zu dieser Frage heranziehen, dann müsste man zugeben, dass die Erfolge der Vergangenheit zwar die eigene Methode bedingt bestätigen, aber keinesfalls beweisen, dass es keinen besseren Weg gibt.

Gewiefte Manager und Mitarbeiter sichern ihre Projekte oft mit einer Reihe von Vorgaben und Annahmen ab, die es im Nachhinein unmöglich machen sollen, ein Versagen des Projekts oder gar ihrer Person festzustellen. Eine Aufgabe des Managements liegt darin, gezielt solche Pseudoargumente und Rückversicherungen bereits im Vorfeld zu entschärfen. Projektverantwortung kann nur dann vergeben werden, wenn klare Kriterien der Überprüfbarkeit formuliert sind, die anschließend ein Urteil über Erfolg oder Misserfolg zulassen. Zudem sei vor Selbstsicherheit gewarnt, wenn unsere Strategien momentan zum Erfolg führen. Niemand versteht die Marktmechanismen in allen Details. Mit Versuch und Irrtum kommt man den realen Gegebenheiten näher. Vor allem wegen der sich ständig ändernden Marktbedingungen sind eigene Einschätzungen nie wirklich sicher.

»Was ich sagen will, wenn ich sage: »Wir wissen nichts«, ist, dass wir, selbst wenn wir die Wahrheit sagen, generell gesagt nicht absolut sicher sind, dass es sich um die Wahrheit handelt, denn wir sind fehlbar. Wenn man die Fehlbarkeit beseitigt, beseitigt man auch die Wahrheit.«

Die Konsequenz für Management und Unternehmen heißen: Unsere alten Erfolge dürfen nicht unsere zukünftigen Strategien dominieren. Altbewährtes hat seinen Sinn, und langfristig getestete Sichtweisen sollten entsprechend mit Achtung und Respekt behandelt werden. Trotzdem sollte jeder für neue Ideen offen sein, weil sich die Umstände in der globalen Ökonomie ständig ändern. Gleichzeitig lehrt das Prinzip der Falsifizierbarkeit, dass es wichtig ist, für alle Strategien klare Parameter für Erfolg und Misserfolg zu bestimmen und keine zu weiten Interpretationsspielräume zuzulassen, damit clevere Mitarbeiter und Manager nicht einfach Kampagnen oder Projekte zu Erfolgen oder zu Ausnahmen erklären können.

»Ideen sind nur Vermutungen. Wichtig ist nicht die Verteidigung irgendeiner bestimmten Vermutung, sondern der Fortschritt des Wissens.«

»So sei peinlich genau darauf bedacht, dass du deine Fehler zugibst: Du kannst aus ihnen nicht lernen, solange du nicht eingestehst, welche zu begehen.«

Eine vielleicht ungewöhnliche Aussage für Popper ist die Ermutigung, der Intuition zu vertrauen. Die intuitive Natur muss nicht unterdrückt werden, sie muss lediglich anschließend kritisch hinterfragt werden:

»Alle Ideen entstehen aus einer Intuition heraus. Aber wenn auch die Rolle, die diese spielt, sehr wichtig ist, so stellt sie sich jedoch im Allgemeinen als falsch heraus.«

Wenn Sie glauben, dass eine Idee notwendigerweise wahr ist, weil Sie sie gehabt haben, dann mangelt es Ihnen an kritischem Geist.«

»Sei nicht zu sehr von deinen Ideen eingenommen. Du musst dich selbst bloßstellen, du musst dich selbst dem Risiko aussetzen. Sei mit deinen Ideen nicht zu vorsichtig. Ideen sind nicht rar: Wo sie entstanden sind, gibt es weitere. Lasse deinen Ideen freien Lauf: Jede Idee ist besser als gar keine. Aber wenn die Idee einmal dargelegt ist, darfst du nicht versuchen, sie zu verteidigen, nicht versuchen sie zu glauben, sondern musst sie kritisieren und durch die Entdeckung des Fehlers lernen.«

Zum Umgang mit den Mitarbeitern lässt sich vor allem anmerken, dass es keine absolute Gleichheit geben kann. Eine Führungskraft muss versuchen, fair und offen mit allen Mitarbeitern umzugehen. Kein Unternehmen kann aber die Verantwortung für die widrigen Umstände übernehmen, die Mitarbeiter in anderen Situationen befallen mögen.

»Es wird niemals eine völlig gerechte Welt geben.«

Ein guter Manager gibt seinen Mitarbeitern unvoreingenommen und nach besten Kräften gute Entwicklungschancen. Mehr kann niemand tun, und mehr sollte auch von niemandem verlangt werden. Popper ergreift vehement Partei für das Machbare:

»Optimismus ist Pflicht. Man muss sich auf die Dinge konzentrieren, die gemacht werden sollen und für die man verantwortlich ist.«

»Unsere Einstellung der Zukunft gegenüber muss sein: Wir sind jetzt verantwortlich für das, was in der Zukunft geschieht.«

»Nie überlegen, was morgen sein wird, sondern das tun, was man heute tun kann.«

Vor allen Dingen mahnt Popper zur Bescheidenheit. Egal, welche Stufe auf der Karriereleiter ein Mensch erklommen haben mag, letztendlich sollten dabei bestimmte Prinzipien des Wissensmanagements nicht vergessen werden:

»Durch unser Wissen unterscheiden wir uns nur wenig, in unserer grenzenlosen Unwissenheit aber sind wir alle gleich.«

HANNAH ARENDT
Die VERANTWORTUNG *der* MACHT

Hannah Arendt wird 1906 in Linden in der Nähe von Hannover als Kind einer wohlhabenden jüdischen Familie geboren. Im Alter von sieben Jahren verliert sie ihren Vater. Ihrer Mutter gelingt es, nach Hannah Arendts Erinnerungen, sie vor den Folgen des Ersten Weltkriegs und antisemitischen Tendenzen abzuschirmen. Ihre Erziehung ist sozialdemokratisch geprägt und sie liest viel. Ihre literarischen Interessen schließen auch Kant, Goethe und Kierkegaard mit ein. Arendt besucht die Universitäten von Marburg, Freiburg und Heidelberg. In Marburg hat sie eine kurze Affäre mit dem verheirateten Martin Heidegger, die sie – trotz dessen Unterstützung für Hitler – nach dem Zweiten Weltkrieg ab etwa 1950 erneut aufgreift. In Heidelberg promoviert sie 1928 bei Karl Jaspers zum Thema »Liebe aus augustinischer Sicht«. Ihrem Selbstverständnis nach ist Hannah Arendt aber vor allem Politiktheoretikerin. Erst später akzeptiert sie die Bezeichnung Philosophin. Nach der Machtergreifung der Nazis flieht sie 1933 nach Paris. Dort heiratet sie den Philosophieprofessor Heinrich Blücher, bevor sie 1941 erneut vor nationalsozialistischer Verfolgung in die USA entflieht. Von 1944 bis 1946 ist Hannah Arendt Forschungsleiterin der Conference on Jewish Relations, von 1946 bis 1949 Cheflektorin des Verlags Salman Schocken. 1951 erhält sie die Staatsbürgerschaft der USA. Gleichzeitig veröffentlicht sie ihr wichtigstes Buch, das Monumentalwerk

Elemente und Ursprünge totaler Herrschaft. Ab 1953 ist Hannah Arendt Professorin am Brooklyn College in New York. 1959 erhält sie den Lessing-Preis der Stadt Hamburg. Von 1963 bis 1967 ist sie Professorin an der Universität von Chicago. Danach arbeitet sie an der New School for Social Research in New York. 1973 wird sie Vorstandsmitglied des amerikanischen PEN-Zentrums. Zwei Jahre später stirbt Hannah Arendt in New York.

Macht und Verantwortung

Für Hannah Arendt stehen die Tendenzen zum nationalstaatlichen Totalitarismus des 19. Jahrhunderts im Einklang mit dem gleichzeitig zunehmenden Antisemitismus. Den anschließenden Faschismus und Stalinismus sieht sie als strukturell vergleichbar. Die menschliche Aktivität untergliedert sie in die drei Aspekte Arbeit, Herstellen und Handeln. Dabei sieht sie eine zunehmende Überbewertung des Aspekts Arbeit im Vergleich zur politischen Handlungsfreiheit.

In ihrer Berichterstattung für die Zeitschrift *The New Yorker* über den Eichmann-Prozess (später in Buchform als *Eichmann in Jerusalem* veröffentlicht) prägt sie ihren wohl bekanntesten Begriff: Sie beschreibt Eichmann als einen ehrgeizigen Bürokraten, der für sie die »Banalität des Bösen« verkörpert. Denn er handelte rein unter Effizienzgesichtspunkten und betrachtete die Vernichtung von Menschenleben lediglich unter dem Aspekt der organisatorischen Herausforderung.

Im politischen Bereich sieht Hannah Arendt vor allem eine wesentliche Verbindung zwischen Macht und dem Erscheinungsraum, in dem diese sich manifestiert. Dabei beschränkt sie sich in ihren Aussagen nicht nur auf die politischen Organisationen. Eine jede Organisation wird dort politisch, wo durch einen Organisationsprozess Machtstrukturen aufgebaut werden.

> *»Eine Organisation aber, ob sie nun aus Politikern besteht oder aus Wissenschaftlern, die sich verpflichtet haben, sich in politische Streitigkeiten nicht zu mischen, ist per definitionem eine politische Institution; wo Menschen sich organisieren, tun sie es, um zu handeln und Macht zu gewinnen.«*

Jede Ansammlung von Menschen, die sich zusammenfindet, um Entscheidungen zu treffen, wird damit zu einem politischen Erscheinungsraum. Unweigerlich wird es zu einem Ringen Einzelner kommen, wie die Willensimpulse der Teilnehmer in Bahnen gelenkt werden können, die den eigenen Vorstellungen entsprechen. Getroffene Entscheidungen sind allerdings bedeutungslos, wenn sie nicht von gehorsamen Anhängern oder Ausführenden anschließend umgesetzt werden. Zur Frage, ob diejenigen, die »nur« aus Gehorsam heraus die Vernichtungsmaschinerie der Nazis unterstützt hatten, schuldig seien, betont Arendt:

> *»Denn wenn Sie sich auf Gehorsam berufen, so möchten wir Ihnen vorhalten, dass die Politik ja nicht in der Kinderstube vor sich geht und dass im politischen Bereich der Erwachsenen das Wort Gehorsam nur ein anderes Wort ist für Zustimmung und Unterstützung.«*

Für Hannah Arendt beruht der Totalitarismus auf der Zustimmung der Massen, und jeder, der ein Bestandteil dieser Masse ist, trägt eine gewisse Verantwortung für seine Zustimmung.

Die Verantwortung der Macht im Management

Hannah Arendt hat den zunehmenden Einfluss des Ökonomischen auf die Politik erkannt. Einfluss bedeutet jedoch auch immer Verantwortung. Soweit die Wirtschaft politikgestaltend wirken kann, muss sie sich im Nachhinein der Kritik stellen. Dabei sind die Grenzen nicht immer einfach zu ziehen. Kurzfristige Strategien der Einflussnahme bringen nicht notwendigerweise langfristig positive Resultate, schon gar nicht für das Gemeinwesen und auch nicht für das Unternehmen selbst.

Als Mitarbeiter und Manager müssen wir bewusst die Verantwortung für unser Handeln übernehmen. Das ist vielleicht die wichtigste Lektion aus Hannah Arendts Lehren. Eichmann berief sich darauf, dass er nur seine Pflicht tat. Wenn die Vernichtung von Menschenleben aber Teil dieser Pflicht ist, dann kann Pflichterfüllung keine Absolution bringen. Im Unternehmensbereich gibt es nicht selten Situationen, in denen sich ein Mitarbeiter oder eine Führungskraft lieber auf die Pflichterfüllung beruft, als sich der moralischen Verantwortung zu stellen. Die Verantwortung für den jeweils eigenen Anteil am Gesamtprozess wird dadurch jedoch nicht gemindert. Das zumindest ist die Schlussfolgerung, die Arendt aus ihren Analysen zieht:

>*Die traurige Wahrheit ist, dass das meiste Übel von den Leuten verursacht wird, die sich nie dazu entschließen, entweder gut oder böse zu sein.*«

Ein beliebtes Manöver zur Flucht aus der Verantwortung ist dabei die Tendenz, möglichst viele an einer fragwürdigen Entscheidungsfindung zu beteiligen.

>*Wo alle schuld sind, ist es keiner.*«

Wenn die Dinge sich am Ende als falsch erweisen, berufen sich alle gerne darauf, dass die ursprüngliche Entscheidung schließlich die Zustimmung aller fand. Letztendlich sind dies aber nur Scheinargumente, die einer kritischen Überprüfung nicht standhalten. Führung und Handeln bedeuten Verantwortung, und nicht nur jeder Mitarbeiter, sondern vor allem auch jeder Manager muss sich fragen, was er verantworten kann und was nicht.

Ein weiterer Aspekt, den alle Führungskräfte zumindest instinktiv kennen, ist die Tatsache, dass Zusammenkünfte, die einer Entscheidungsfindung dienen sollen, unweigerlich politischen Charakter tragen. So sehr wir uns auch sträuben, dem nächsten Meeting einen politischen Charakter zu unterstellen, dies ist eine Tatsache. Mit jeder Zusammenkunft entsteht ein Entscheidungsraum, in dem sich Macht manifestiert. Und es ist geradezu naiv anzunehmen, dass nicht jedes Meeting erst einmal von den Eigen- und Machtinteressen der Beteiligten dominiert wird, und Sachinteressen automatisch eine untergeordnete Stellung einnehmen. Nur dort, wo Meetings von Anfang an in entsprechender Weise moderiert werden, haben die Sachinteressen überhaupt eine Chance, in den Vordergrund zu treten.

Erst, wenn wir die Umstände gut gewählt haben, und sich jeder seiner persönlichen Verantwortung gemäß verhält, steigen die Chancen, dass sich diese Macht zum Wohle des Gesamtunternehmens einsetzen lässt. Diese Einsicht gilt vor allem für unser Informationszeitalter, wo Unternehmen damit rechnen müssen, über kurz oder lang von einer kritischen Öffentlichkeit für das kollektive Verhalten zur Rechenschaft gezogen zu werden.

THOMAS S. KUHN
PARADIGMENWECHSEL

Der 1922 in Cincinnati, Ohio, geborene Thomas Kuhn studiert Physik in Harvard und promoviert dort 1949 zum Thema Wissenschaftsgeschichte. Danach unterrichtet er in Harvard als Assistenzprofessor. 1956 wechselt er zum Berkeley Campus der University of California und ist dort ab 1961 als ordentlicher Professor tätig. 1964 nimmt er die Stelle des M. Taylor Pine-Professors in Princeton an. Ab 1979 lehrt Kuhn bis zu seiner Pensionierung 1991 als Professor für Philosophie und Wissenschaftsgeschichte am Massachusetts Institute of Technology. Fünf Jahre nach seiner Pensionierung stirbt Kuhn 1996 in Cambridge, Massachusetts.

Wissenschaftliche Revolutionen

Vor Kuhns Thesen zum Paradigmenwechsel ging man generell davon aus, dass die Wissenschaft in ihrer Gesamtheit einen allmählich fortschreitenden Prozess des Wissenserwerbs darstellt. Jedes Jahr gewinnen wir mehr Informationen über unsere Welt und uns selbst, und das Wissen der Menschheit wächst auf diese Weise kontinuierlich und stetig. Das war die gängige Meinung unter den Wissenschaftstheoretikern.

Kuhn bestreitet diese These vom langsamen, stetigen Wissenszuwachs. Er sieht stattdessen im wissenschaftlichen Denken eine Reihe von sprunghaften Revolutionen, und er macht Sichtweisen aus, die einander konträr und unvereinbar gegenüberstehen. Dabei überwältigt das Neue zu einem bestimmten Zeitpunkt das Alte und wird damit selbst zum konventionellen Denken. Allerdings nur solange, bis es von einer neuen Theorie eines Tages ebenso radikal abgelöst wird. Einen solchen grundlegenden Wandel der Sichtweise bezeichnet Kuhn als Paradigmenwechsel. Dabei betont er bewusst den revolutionären Aspekt der Vorgänge:

> »*Sowohl bei der politischen als auch bei der wissenschaftlichen Entwicklung ist das Gefühl des Versagens, das zu einer Krise führen kann, Voraussetzung für eine Revolution.*«

Im Grunde stellen unterschiedliche Paradigmen unvereinbare Sichtweisen dar. Kuhn geht davon aus, dass es gar nicht möglich ist, Fakten neutral, also ohne Theorie, zu bewerten. Zuerst kommt die Theorie, dann unsere Wahrnehmung. Mit anderen Worten: Unsere Wahrnehmung der Welt wird von unserer Sichtweise geprägt. Deshalb ist es auch möglich, dass krasse Irrtümer über das Denken in unseren Fachbereichen dominieren. Die Theorien, in deren Licht wir die Fakten unserer Welt interpretieren, beeinflussen ganz konkret die Art und Weise, wie wir Fakten überhaupt wahrnehmen. Als Endresultat steht dann nach jeder Analyse von Fakten eine scheinbare Bestätigung der traditionellen Theorie.

Nur revolutionäre Veränderungen im Denken können uns zu einer neuen Theorie und damit zu einer anderen Wahrnehmung der gleichen Fakten führen. Egal, wo wir heute in unserem wissenschaftlichen Denken stehen: Wir alle sind ehemalige Revolutionäre, denn alle heutigen Theorien stellen nach Kuhn einen radikalen Paradigmenwechsel zur Vergangenheit dar. Da wir aber nur begrenzte Lebensenergie und -zeit zur Verfügung haben, neigen wir dazu, die ideellen revolutionären Stadien, denen wir uns selbst verschrieben haben, auch mit aller Kraft zu verteidigen. Denn ein Paradigmenwechsel ist ein schmerzhafter mentaler Prozess, weshalb er auch, und nicht selten, mit einem Generationenwechsel eintritt. Die Jüngeren sind emotional weniger mit der alten Theorie verbunden und deshalb auch eher bereit, sie zugunsten neuer Hypothesen aufzugeben. Ironischerweise sind gerade die besten und bewährtesten Theorien diejenigen, die unser Wissen entscheidend vorangebracht haben, und die durch ihre in der Vergangenheit erworbene Glaubwürdigkeit das größte Hindernis für neue, bessere Herangehensweisen darstellen.

Paradigmenwechsel im Management

In der Praxis des Wirtschaftsalltags zeigt sich, dass Kuhn, zumindest in Teilbereichen, Recht hat: Wir hängen solange am Alten, bis es sich eindeutig als falsch erweist. Unglücklicherweise bedeutet das im Unternehmensbereich nicht selten, dass es schon zur existenzbedrohenden Krise gekommen ist. Gerade in der Wirtschaft kommt ein Paradigmenwechsel für viele Unternehmen häufig zu spät.

> *»Die kumulative Akzeptanz von unerwarteten Neuerungen erweist sich als fast nichtvorhandene Ausnahme von der Regel der wissenschaftlichen Entwicklung.«*

Im Idealfall sollten neue Erkenntnisse mit Begeisterung aufgenommen und problemlos in das vorhandene Wissensgebäude integriert werden. Dies kommt aber nur selten vor. Zum einen gilt es ganz profan, vorhandene Besitzstände zu wahren; auch Wissenschaftler beziehen ein Gehalt, und es schadet dabei nicht, eine führende Autorität im eigenen Fachbereich zu sein. Zum anderen steht man häufig vor dem Problem, dass es selbst beim besten Willen nicht so einfach ist, neue Erkenntnisse in ein altes Wissensgebäude zu integrieren. Neue Ideen können an alten Fundamenten zerren und drohen, das Ganze zum Einsturz zu bringen.

Auch im Wirtschaftbereich werden neue Herausforderungen nur selten mit neuen Lösungswegen angegangen. In der Vergangenheit stellte dies auch weniger ein Problem dar, denn es war durchaus möglich, dass Unternehmen in ihren strategischen Reaktionen auf Herausforderungen im Rahmen von Managementgenerationen reagierten. In der extrem beschleunigten Wirtschaftswelt des 21. Jahrhunderts führt ein solcher Ansatz jedoch leicht zur überlebensbedrohenden Fehleinschätzung der Sachlage. Wir können es uns schlichtweg nicht mehr leisten, nur dann einen Paradigmenwechsel im Unternehmen zu initiieren, wenn die ältere Generation in Pension geht. Stattdessen wird die Fähigkeit der Führungskräfte zum mehrfachen Paradigmenwechsel innerhalb der eigenen Schaffensperiode zum entscheidenden Kriterium für den Erfolg des Unternehmens. Nur diejenigen Unternehmen, denen es gelingt, entsprechend mental flexible Manager für sich zu gewinnen und sie darin flexibel zu halten, haben eine Chance zum dauerhaften Erfolg. Entscheidend ist hier die Tatsache, dass ein Paradigma unweigerlich die Art und Weise prägt, wie wir objektive Fakten interpretieren.

> »*Der Mensch, der sich um eine Problemlösung bemüht, die durch das vorhandene Wissen und die entsprechenden Techniken definiert ist, sieht sich nicht einfach nur um. Er weiß, welche Ziele er anstrebt und richtet seine Instrumente und Gedanken entsprechend aus.*«

Unser Vorwissen setzt uns in gewisser Weise eine Brille auf, durch die wir die Welt anschließend sehen. Ein guter Manager zeichnet sich dadurch aus, dass er im Getümmel des Unternehmensalltags in

der Lage ist, die Brille bei Bedarf solange zu wechseln, bis die ange-
strebten Lösungen tatsächlich zu positiven Resultaten führen. Im
Gegensatz zur Wissenschaft, die zumindest im Bereich der Grund-
lagenforschung viel Freiraum für Interpretationen und damit auch
für Irrtümer bietet, kommt es in der Wirtschaft wesentlich schneller zur Konfrontation zwischen Sichtweisen und Geschäftsresulta-
ten. Je größer das Unternehmen ist, desto langsamer zeichnen sich
diese Fehlhaltungen in Form von schlechten Geschäftsergebnissen
ab. Große Unternehmen haben die Macht, aber auch die Trägheit
der Masse auf ihrer Seite, und Fehleinschätzungen haben einen längeren Zeithorizont, bevor sie Auswirkungen zeigen. Wenn dann jedoch eines Tages die falsche Sichtweise den Gipfel ihrer Wirkung
erreicht, sind nicht selten alle erstaunt, wie ein Unternehmen dieser
Größe in solch enorme Schwierigkeiten geraten konnte.

Letztendlich spielt es keine Rolle, wie groß ein Unternehmen
ist, wenn es den Führungskräften nicht gelingt, rechtzeitig einen
Paradigmenwechsel zu initiieren. Über kurz oder lang wird jedes
Unternehmen scheitern, das sich nicht immer wieder mental erneu-
ert und dies durch entsprechend zeitgemäße Umstellungen in Strategien und Taktiken zum Ausdruck bringt. Dies ist die grundlegende Lektion aus Kuhns These vom Paradigma.

JÜRGEN HABERMAS
KOMMUNIZIERTE RATIONALITÄT

Jürgen Habermas wird 1929 in Düsseldorf geboren. Nach dem Abitur in Gummersbach studiert er in Göttingen, Zürich und Bonn Philosophie, Geschichte, Psychologie, deutsche Literatur und Ökonomie. Nach seiner Promotion über Schellings Weltalterphilosophie arbeitet Habermas von 1954 bis 1956 als freier Journalist unter anderem für die *ZEIT* und den *Merkur*. Als Theodor W. Adorno 1956 aus dem Exil zurückkehrt und in Frankfurt das Institut für Sozialforschung wiedereröffnet, lädt er Habermas zur Mitarbeit ein. 1961 habilitiert sich Habermas in Marburg und wird anschließend außerordentlicher Professor in Heidelberg. Von 1964 bis 1971 ist er Professor für Philosophie und Soziologie an der Universität Frankfurt/Main. Zwischen 1971 und 1980 ist Habermas Direktor des Max-Planck-Instituts zur Erforschung der Lebensbedingungen der wissenschaftlich-technischen Welt in Starnberg, danach bis 1982 Direktor am Max-Planck-Institut für Sozialwissenschaften in München. Bis zu seiner Emeritierung 1994 ist er erneut Professor für Philosophie in Frankfurt/Main.

Kommunikatives Handeln

Habermas gilt als ein Vertreter der zweiten Generation der vom Institut für Sozialforschung ausgehenden Frankfurter Schule und als ein führender Kopf der Kritischen Theorie. Habermas ist ausgesprochener Rationalist. Die aus seiner Sicht beste Gesellschaft basiert auf einer vernunftbegründeten Diskursethik. Nur dort, wo jedes Mitglied einer Gemeinschaft frei in seiner Rede ist und allein die Vernünftigkeit des Gesagten zählt, können gerechte und gut funktionierende Ordnungen aufgebaut werden. Dabei ist die Sprache ein entscheidendes Handlungsinstrument. Sie ist letztendlich das wichtigste Machtinstrument. Über die Sprache kann Freiheit geschaffen werden, doch sie kann auch als Unterdrückungsinstrument eingesetzt werden.

Für Habermas ist die bürgerliche Gesellschaft durch das vernünftige Gespräch zwischen allen Bürgern geprägt. Politische Entscheidungen sind nur dann gerechtfertigt, wenn sie im Konsens zwischen mündigen Bürgern zustande gekommen sind. Deshalb ist das »Argument« ein Kernelement des kommunikativen Handelns. Durch den demokratischen Dialog kann sich eine Gesellschaft kritisch hinterfragen und auf diese Weise positiv weiterentwickeln. Problematisch ist für Habermas allerdings die Tatsache, dass die Logiken und Denkweisen, die den Bürokratien und Wirtschaftssystemen zugrunde liegen, die Lebenswelten der Gesellschaftsmitglieder prägen und damit die Fähigkeit zum echten Dialog unter freien und gleichen Bürgern mindern. Das heißt, keiner von uns lebt im luftleeren Raum. Die Qualität und nicht selten auch die Richtung unseres Lebens wird von unserer Umwelt beeinflusst oder gar bestimmt. Die Umwelt ist die Lebenswelt, innerhalb derer wir uns bewegen und der wir uns nicht entziehen können. Deshalb ist sie für unser Leben von ausschlaggebender Bedeutung.

Sowohl die Wirtschaft als auch die Unternehmen als Subsysteme drohen unsere Lebenswelten mit ihrem ökonomischen Denken zu »kolonialisieren«. Wenn wir darauf eingehen, reduzieren wir uns auf den Status von Kolonien, weil das menschliche Leben, wenn es erfüllt sein soll, mehr umfasst als das, was uns die Wirtschaft in ihrem Profitdenken einzureden versucht. Durch die Reduzierung auf ein rein ökonomisches Denken werden allmählich ökonomische Sachzwänge geschaffen, die schließlich zu einer Entmündigung der Menschen führen.

Das entscheidende Instrument zur Überwindung dieser Bedrohung ist die kommunikative Kompetenz der beteiligten Bürger, die Fähigkeit zur kommunikativen Vernunft. Sprachlose Bürger sind wehrlose Bürger. Nur über das Medium der Kommunikation kann im gesellschaftlichen Raum ein Prozess des Verhandelns eingeleitet werden, der es jedem Mitglied ermöglicht, eine befriedigende und zu rechtfertigende Verwirklichung der eigenen Bedürfnisse und Interessen zu erreichen. Hierbei ist es vor allem wichtig, eine möglichst ideale Dialogsituation herzustellen. Diese zeichnet sich in erster Linie durch Zwanglosigkeit aus. Nur dort, wo alle interessierten Kommunikationsteilnehmer die Freiheit haben, ihre Ansichten ohne Bedenken zu präsentieren, und gleichzeitig nichts anderes zählt als die logische Kraft des jeweiligen Gedankens, entsteht eine gesellschaftliche Atmosphäre, in der die Chance liegt, dass sich allein das bessere Argument durchsetzt. Erst diese zwangfreie Willensbildung ermöglicht den demokratischen Rechtsstaat. Wenn soziale Machtverzerrungen diesen freien Dialog manipulieren oder gar verhindern, kann keine Verständigung stattfinden und kein echter, tragfähiger Konsens gefunden werden.

Unsere menschliche Erkenntnis ist dabei von unseren Interessen geprägt. Nach Habermas ist eine interessensneutrale Erkenntnis überhaupt nicht möglich. Jeder Mensch und jeder Wissenschaftsbereich hat seine eigenen natürlichen Interessen. In den empirisch-analytischen Wissenschaften geht es vor allem um ein technisches Interesse: Wir wollen verstehen, wie wir als Menschen unsere Umwelt zu unserem Vorteil nutzen können. Bei den historisch-hermeneutischen Wissenschaften sieht Habermas ein praktisches Interesse: Wir wollen verstehen, wie etwa funktionierende Sozialisierungen erreichbar sind. Bei den kritischen Wissenschaften geht es dagegen um emanzipatorische Interessen: Ziel ist die Ermöglichung von Selbsterkenntnis und Mündigkeit.

Das Kerninstrument in letzterem Fall ist unsere Sprache. Sie ermöglicht uns, vernünftig zu kommunizieren und zu einer Verständigung untereinander zu gelangen. Dadurch wird kommunikatives Handeln möglich. Pläne mit den anderen Beteiligten können abgestimmt werden. Durch diesen Anspruch unterscheidet sich die kommunikative Vernunft von der instrumentellen Vernunft der im Grunde natur- und menschenfeindlichen Systeme, denen es im Kern nur darum geht, die Welt durch technische Manipulationen zu beherrschen und die Natur zum reinen Objekt der eigenen Interessen zu machen.

Die Grundlage für eine emanzipierte, nach den Regeln der Diskursethik funktionierende Gesellschaft liegt vor allem im Verfassungspatriotismus der beteiligten Gesellschaftsmitglieder. In einem demokratischen Gemeinwesen sind alle dazu aufgerufen, die vereinbarte Verfassung zu respektieren und möglichst umfassend zur gesellschaftlichen Wirklichkeit werden zu lassen. Wie engagiert dieser Prozess von den individuellen Mitgliedern vorangetrieben wird, entscheidet über den Zusammenhalt und die Tragfähigkeit des Gemeinwesens, das letztendlich die Kommunikationsgemeinschaft aller Bürger darstellt.

Im politischen Bereich ist ein solcher Verfassungspatriotismus die Voraussetzung für eine multikulturelle Gesellschaft, in der vielfältige Lebens- und Kulturformen frei und gleichberechtigt koexistieren können, solange sie sich auf eine gemeinsame Verfassung verständigt haben und in der Praxis auch zu dieser Verpflichtung stehen. Habermas sieht etwa in den USA oder der Schweiz den Beleg dafür,

»(...) dass sich eine politische Kultur, in der die Verfassungsgrundsätze Wurzeln schlagen können, keineswegs auf eine allen Staatsbürgern gemeinsame ethnische, sprachliche und kulturelle Herrschaft stützen muss. Eine liberale politische Kultur bildet nur den gemeinsamen Nenner eines Verfassungspatriotismus, der gleichzeitig den Sinn für die Vielfalt und die Integrität der verschiedenen koexistierenden Lebensformen einer multikulturellen Gesellschaft schärft.«

Konsensmanagement

Die immer weiter voranschreitende Globalisierung der Wirtschaft erhöht den Konkurrenzdruck auf alle Unternehmen. Zudem sind die Produktionsmethoden weitgehend ausgereift, so dass die Produkte in ihrer Qualität zunehmend austauschbar werden. Was bleibt, ist die Möglichkeit, über das Wissen und die Kreativität der Mitarbeiter Wettbewerbsvorteile zu gewinnen. Der Slogan »Unsere Mitarbeiter sind unsere beste Ressource« entwickelt sich zunehmend zur unternehmerischen Notwendigkeit, obwohl viele Führungskräfte noch nicht bereit sind, dies als Realität zu akzeptieren.

In dieser Situation kann das Habermassche Modell der gesellschaftlichen Konsensfindung wesentliche Impulse für das Management geben. Der heutige Manager ist vor allem ein Moderator, der die Ideen und das Wissen der Mitarbeiter fördert und in produktive Bahnen lenkt. Da in den Unternehmen in der Regel klare Hierarchien bestehen, ist die Interaktion der Beteiligten sehr häufig von machtpolitischen Gesichtspunkten geprägt. Es geht um Machterhalt und Kontrolle und oft weniger darum, die beste Idee oder Lösung zu finden. Deshalb obliegt es den Führungskräften, in ihrem

Verantwortungsbereich eine Atmosphäre weitgehender Zwanglosigkeit zu schaffen. Auf diese Weise können sich alle Mitarbeiter an einer kreativen, vernunftbegründeten Lösungsfindung beteiligen und ihre persönliche Intelligenz in die kollektive Unternehmensintelligenz einbringen. Unternehmen, die ihre Mitarbeiter durch die internen Machtstrukturen zu sehr entmündigen, verspielen damit entscheidende Möglichkeiten im globalen Wettbewerb.

Wie in reifen, mündigen Gesellschaften, so muss auch in Unternehmen ein Wertekonsens erzielt werden. Dies kann durch die Entwicklung von Leitlinien oder Unternehmensverfassungen gefördert werden, solange alle Mitarbeiter an der Erarbeitung solcher Führungsinstrumente beteiligt sind. Viel wichtiger sind jedoch die informellen Faktoren, die den Unternehmensalltag bestimmen. Hierbei spielen die jeweiligen Führungskräfte eine entscheidende Rolle. Wie in einer Familie, so entscheidet auch in anderen sozialen Organisationen vor allem das von den Führungspersönlichkeiten ausgehende allgemeine Organisationsklima, welche Wertvorstellungen in der Praxis verwirklicht werden. Eine gut funktionierende Organisation zeichnet sich vor allem durch ein gesundes Betriebsklima aus. Zwar kann kaum jemand definieren, was das eigentlich ist, aber wir alle erkennen instinktiv, wenn wir es mit einem gesundem Unternehmen in diesem Sinne zu tun haben.

Besonders wichtig ist die Aufgabe der kommunikationsfördernden Kulturarbeit für multinationale Unternehmen, die Mitarbeiter und Führungskräfte aus unterschiedlichen Nationen und Kulturen vereinen und zu einer produktiven Zusammenarbeit bewegen müssen.

Gerade in einem solchen Umfeld ist eine gemeinsame Wertebasis unabdingbar, die jedoch zugleich den einzelnen Mitarbeitern einen weitgehenden Spielraum im Hinblick auf den eigenen kulturellen Hintergrund lässt. Wenn wir die Einstellung von Mitarbeitern als eine Art Immigration ins Unternehmen auffassen, dann sollten wir mit Habermas erkennen:

»Demnach muss von Einwanderern nur die Bereitschaft erwartet werden, dass sie sich auf die politische Kultur ihrer neuen Heimat einlassen, ohne deshalb die kulturelle Lebensform ihrer Herkunft aufgeben zu müssen.«

Die Schaffung einer starken, fairen Argumentationskultur im Unternehmen, die allen die Möglichkeit zum kommunikativen Handeln gibt und auf einem glaubwürdigen Wertekonsens basiert, gehört damit zu den wesentlichen Aufgaben einer heutigen Führungskraft. Das gilt auch deshalb, weil ein möglichst großer persönlicher Freiraum einen produktionsfördernden Effekt hat, wenn gleichzeitig durch gemeinsame Werte und Visionen die Motivation gefördert wird.

»Wo die utopischen Oasen austrocknen, breitet sich eine Wüste von Banalität und Ratlosigkeit aus.«

JACQUES DERRIDA
Die DEKONSTRUKTION *des traditionellen* DENKENS

Der französische Philosoph Jacques Derrida wird 1930 im algerischen El Biar geboren. Von 1952 bis 1956 studiert er an der École Normale Supérieur in Paris. Von 1960 bis 1964 ist Derrida Lehrer an der Sorbonne in Paris, danach von 1965 bis 1984 Lehrer für Philosophiegeschichte an der École Normale Supérieur. Zudem ist er häufig Gastprofessor in den USA, etwa an der John-Hopkins-Universität, der University of California in Irvine und der Universität Yale.

Dekonstruktion von Sprache und Denken

Jacques Derrida stellt mit seinem Konzept der Dekonstruktion die Fähigkeit der Sprache in Frage, klare Bedeutungen vermitteln zu können. Ursprünglich handelt es sich bei diesem Konzept um eine Methode der Literaturkritik. Die Konsequenzen, die sich aus der Anwendung dieses Ansatzes ergeben, deuten jedoch auf umfangreichere Ausmaße hin.

Nach Derrida ist unsere Sprache nicht in der Lage, eine klare, eindeutige Bedeutung zu vermitteln. Wenn wir Aussagen auf implizierte Annahmen und von uns nur hineininterpretierte Bedeutungen hin abklopfen und diese Zusätze gezielt herausfiltern, bleibt häufig wenig Konkretes übrig. Schon die Art und Weise, wie wir uns selbst wahrnehmen, hängt weitgehend von unserer Sprache ab und ist damit unzuverlässig. Hinzu kommt, dass die Worte, die wir verwenden, weitgehend nicht in Fakten, sondern allein in anderen Worten begründet sind.

Worte schaffen aber keine Realität. Und so dreht sich unsere Kommunikation und damit auch unser auf Sprache begründetes Denken weitgehend im Kreise.

Diese Erkenntnis hat Konsequenzen für unsere Weltsicht. Seit Platon versucht die westliche Philosophie, zu eindeutigen Bedeutungszusammenhängen zu gelangen. Da dies aber mithilfe der unpräzisen Sprache geschieht, besteht nach Derrida im Grunde keine Hoffnung auf Erfolg dieses Bemühens. Die Sprache kann uns höchstens Spuren von reeller Bedeutung vermitteln. Meist führt sie uns jedoch in die Irre, denn auch die Bedeutung des Gelesenen verändert sich je nachdem, wer den Text gerade liest, und in welchem Kontext er dies tut.

Deshalb lehnt Derrida die traditionelle Leseweise ab, weil sie unbewusst immer eine Reihe von Vermutungen und Annahmen mit in den Text einbringt. Sogar das Verfassen von Texten leidet unter diesen Unzulänglichkeiten, weil der Autor einem Text nur bedingt eine objektive Bedeutung vermitteln kann, und der Leser diese vermeintliche Bedeutung selbst wiederum nur subjektiv wahrnehmen kann. Aus diesen Gründen ist es nicht nur möglich, Texte in unterschiedlicher Weise zu interpretieren, sondern man kann Texte sogar konträr zur intendierten Bedeutung des Autors lesen und interpretieren.

»*Es gibt nichts außerhalb des Textes.*«

Ein Text kann sich niemals umfassend auf eine äußere, von ihm selbst losgelöste, objektive Realität beziehen. Deshalb ist er für Derrida nichts als eine Reihe von Wortspielen. Dies hat nicht nur entscheidende Bedeutung für die Qualität unserer Kommunika-

tion. Es tangiert auch unsere Fähigkeit, die Welt objektiv wahrzunehmen. In letzter Konsequenz bedeutet das: Es gibt keine metaphysischen Sicherheiten. Und es gibt auch keinen Weg hin zu einem
besseren Verständnis des Seins, denn wir können die Realität nur
auf dem traditionellen Denkweg der Sprache erfassen, und die
Sprache selbst kann uns nicht helfen, die Wahrheit tiefgreifend zu
erkennen.

>*Es wird keinen einzigartigen Namen geben, und sei
es der Name des Seins. Und das muss ohne Nostalgie
gedacht werden ...*<

Alles, was nur mit Worten beschrieben werden kann, entzieht sich
automatisch unserer Erkenntnis, weil Worte naturgemäß fehlerhaft
und unzulänglich sind. Deshalb entzieht sich auch das Sein unserer
Erkenntnis, weil wir für das Begreifen nur das aalglatte Instrumen-
tarium der unbeständigen Worte zur Verfügung haben. Derrida hat
keine Lösung für dieses grundlegende Dilemma. Er will uns nur
warnen, dass wir uns nicht allzu schnell auf fehlerhafte Philosophien einlassen sollten, seien sie auch noch so sehr in unserem traditionellen Denken etabliert.

>*Wir möchten vielmehr die Grenzen und Vorausset-
zungen dessen aufzeigen, was hier für selbstverständlich gehalten wird ...*<

Dekonstruktion im Management

Was kann mir das sagen, wird an dieser Stelle der Praktiker fragen,
bevor er wieder in seine Meetings geht oder sich den Aktenbergen
und Berichten zuwendet. Gerade in diesem Augenblick kann die
Warnung von Derrida hilfreich sein, weil diese Akten und Berichte

nie wirklich ein wahres Abbild der Realität, die sie zu beschreiben vorgeben, sein können. Je höher der Manager in der Hierarchie des Unternehmens angesiedelt ist, umso wahrscheinlicher sind diese unvollkommenen Abbilder das einzige Stück Unternehmensrealität, das er zu Gesicht bekommen wird. Kaum ein Topmanager wird sich die Mühe machen, ein Teil der ihm vorgespiegelten Unternehmensrealität zu überprüfen, indem er in einzelne Abteilungen geht, um aus erster Hand Informationen zu erhalten.

Auch ohne Derrida in seiner gesamten Radikalität der Dekonstruktion zu bemühen, ist es offensichtlich, dass, nachdem wir die gefärbten Sichtweisen der Berichteverfasser und die eigene verzerrende Brille der Subjektivität, mit der wir Berichte lesen, von dem Bericht selbst zu trennen versucht haben, möglicherweise nicht viel wahrer Inhalt übrig bleibt. Noch problematischer wird das Ganze, wenn Mitarbeiter Berichte gezielt manipulieren, um eigene Fehler zu beschönigen oder Entscheidungen zu beeinflussen. Das Gleiche gilt natürlich auch für das gesprochene Wort in den Meetings.

Wesentlich komplexer werden unsere Bemühungen um wahre Fakten, wenn wir uns zudem mit verschiedenen Sprachencodes der Wirtschaftswelt auseinandersetzen müssen. Wie mittlerweile eine endlose Reihe von Finanzmanipulationen gezeigt hat, kann das, was im Bericht der Wirtschaftsprüfer steht und das, was in Wirklichkeit in den verschiedenen Unternehmensteilen abläuft, völlig unterschiedlich sein. Selbst bei besten Absichten der Prüfer ließe sich diese Diskrepanz nicht immer vermeiden. Dafür gibt es für das angeblich so unbestechliche Zahlenwerk noch zu viele Interpretationsspielräume. Das Gleiche gilt für die heißgeliebten Statistiken und Diagramme, mit denen wir so gerne unsere Präsentationen verzieren. Und es gibt die Sprache der strategischen Pläne und Unternehmensvisionen, die anschließend jeder anders interpretiert, und die Unternehmensprioritäten, über die sich keiner so wirklich im Klaren ist. Nicht zuletzt bricht fast täglich ein Schub an neuem

Wirtschaftsvokabular über uns herein und wird auch eifrig weiter-
verwendet, obwohl nicht selten sogar die Wortschöpfer Probleme
mit ihrer Definition haben. Selbst ein echter Hoffnungsträger wie
die Lehre des Business Reengineering soll auch deshalb manchmal
nicht funktioniert haben, weil letztendlich nur wenige im Unternehmen verstanden haben, was mit dem Konzept wirklich gemeint
ist.

Derrida selbst ist überzeugt, dass sein Ansatz der Dekonstruktion durchaus praktischen Nutzen mit sich bringt, weil er uns hilft,
umzudenken und Fehlvorstellungen aufzugeben. So äußerte er
sich zu den Terroranschlägen vom 11. September 2001 in einem Interview mit der *Süddeutschen Zeitung* (24.9.2001) folgendermaßen:

> »*Die Anschläge konfrontieren uns erneut und in grau-
> samer Weise mit der Problematik der Globalisierung,
> aber auch mit dem überkommenen Begriff des Krieges.
> Was ist das für ein Krieg, der keinem Nationalstaat er-
> klärt wird, keinem identifizierbaren Gegner? Ein
> »Krieg«, der von enormen Kapitalbewegungen beglei-
> tet wurde – man weiß mittlerweile, dass es unmittelbar
> vor den Anschlägen große Spekulationsgewinne an der
> Börse gab. All das zwingt uns, die Globalisierung neu
> zu denken, den Kapitalismus und den Krieg.*«

Für das Management bedeutet dies, dass man sich im Hinblick auf
Präsentationen und Berichte ein gesundes Misstrauen erhalten sollte. Texte und Aussagen über die Unternehmensrealität dürfen nie
unreflektiert als bare Münze genommen werden. Es gibt schlichtweg keine fehlerfreien Abbilder der Realität. Wir müssen den Dingen kompromisslos auf den Grund gehen und dürfen nicht vergessen, dass sprachliche Begriffe keine Wirklichkeit schaffen können.
Angesichts der zunehmenden globalen Herausforderung an die
Wirtschaft dürfen wir auch nicht zulassen, dass unsere Sprache und

die Begriffe, mit denen wir heute arbeiten, uns den Blick für die Möglichkeiten von morgen verstellen, die wir noch gar nicht wahrgenommen haben.

Im gleichen Interview kommt Derrida deshalb zu der Empfehlung:

> *»Eine Unmöglichkeit, die nicht das Gegenteil, das Negative des Möglichen ist. Man muss dieses Unmögliche tun, man muss das Unmögliche denken und tun. Wenn nur das geschähe, was möglich ist, geschähe gar nichts mehr. Wenn ich nur das täte, was ich tun kann, würde ich gar nichts tun.«*

PETER SLOTERDIJK

Der ERFOLG *des postmodernen* KYNIKERS

Peter Sloterdijk wird 1947 in Karlsruhe geboren. An den Universitäten München und Hamburg studiert er Philosophie, Germanistik und Geschichte. 1976 promoviert er in Hamburg im Bereich Sprachwissenschaft. 1988 wird er Gastdozent am Lehrstuhl für Poetik in Frankfurt am Main. Von 1992 bis 1993 hat Sloterdijk den Lehrstuhl für Philosophie und Ästhetik an der Staatlichen Hochschule für Gestaltung in Karlsruhe. 1993 übernimmt er die Leitung des Instituts für Kulturphilosophie an der Akademie für Bildende Künste in Wien, 2001 wird er dort Vertragsprofessor am Ordinariat für Kulturphilosophie und Medientheorie der Akademie. Ab 2001 ist er auch Rektor der Staatlichen Hochschule für Gestaltung in Karlsruhe. Durch seine Auftritte beim »Philosophischen Quartett« des Zweiten Deutschen Fernsehens avanciert Sloterdijk zu einer Art »öffentlich-rechtlichem Philosophen«.

Wider die zynische Vernunft

Wie Sloterdijk mit seinem 1983 erschienenen Werk *Kritik der zynischen Vernunft* bewiesen hat, muss die Philosophie keine ernste, trockene Angelegenheit sein. Schon dieses Buch zu Beginn seiner

Karriere katapultierte ihn in die öffentliche Wahrnehmung. Es gilt als das meistverkaufte philosophische Buch Europas, ist in den USA erschienen und selbst die Chinesen haben die Übersetzungsrechte erworben. Sloterdijk sortiert darin die gesamte Ideengeschichte nach fröhlich-frechen »Kynikern« und bösen »Zynikern«, Wölfen im Schafspelz der Aufklärung. Nur Kyniker wie Moses, David, Luther oder Eulenspiegel, Intellektuelle, die auch »Watschen« als Argument nicht scheuten, seien die wirklich treibenden Kräfte des Geistes gewesen. Spätere »Herrenzyniker« dagegen hätten keine gute, freche Stimmung verbreitet. In ihren »Großtheorien« herrsche ein übler »Zusammenhang zwischen Erkenntnistheorie und Erkennungsdienst«, brachte der Spiegel das zweibändige Erfolgswerk Sloterdijks auf den Punkt.

Sloterdijk nimmt seine eigenen Lehren durchaus ernst. Er ist ein Meister der Pointe, witzig und provokativ sowohl in seiner Wortwahl, als auch in seinen Wortschöpfungen. Geistliche tituliert er als Versicherungsangestellte (für das Jenseits), Unternehmer als Berufsrevolutionäre (angesichts des kontinuierlichen Wandels in den Firmen). Selbst Habermas soll Sloterdijk bescheinigt haben, sein Stil sei eine »literarisch glanzvolle Verbindung von philosophischer Essayistik und Zeitdiagnose«, der ihn »zwischen Heine und Heidegger« angesiedelt habe. Kein Wunder, dass man Sloterdijk gerne zu Vorträgen einlädt (wobei ein fünfstelliges Honorar schon vor seiner Zeit als Berater des Suhrkamp-Verlages und Moderator des »Philosophischen Quartetts« im ZDF nicht unüblich gewesen sein soll). In seinen Darstellungen ist Sloterdijk jederzeit mediengerecht und ein Mann der bewusst lauten Töne:

> »*Aber man muss sich fragen, was man mit dem Hinweis auf den Interventionscharakter des Philosophierens will. Ich behaupte, dass gesellschaftliche Wirklichkeit ein Nebenprodukt von Sprachspielen darstellt. Oder: dass die Gesellschaft ein performativer Ballon*

ist, der durch die Ausatemluft starker Behauptungen
aufgeblasen wird. Die Welt also nicht als Wille und
Vorstellung, sondern als Behauptung und Übertrei-
bung.«

Dies äußert Sloterdijk in einem Interview mit der *Welt am Sonntag,*
das am gleichen Tag erschien, als die erste Sendung des »Philosophischen Quartetts« lief. Zusammen mit seinem Comoderator Rü-
diger Safranski formuliert Sloterdijk die Ziele der Sendung folgendermaßen:

> *»Anders als in gewöhnlichen Magazinen und Exper-*
> *tenrunden werden Themen nicht nur ›aufgegriffen‹,*
> *sondern auch lanciert. Es kommt bei der Themenwahl*
> *zu diesen Gesprächen darauf an, die Rücksicht auf Ak-*
> *tualität mit hoher antizipatorischer Kraft zu verbin-*
> *den. Zu dem leitenden Begriff von Philosophie als*
> *Zeitdiagnostik tritt auch ein Element an Prognostik*
> *hinzu ... Das Beiwort »philosophisch« im Titel der Sen-*
> *dung beschreibt den modus operandi unserer Gesprä-*
> *che, nicht die professionelle Spezialisierung der Teil-*
> *nehmer. Das schließt nicht aus, dass gelegentlich auch*
> *Philosophen vom Fach in der Runde vertreten sind;*
> *im Wesentlichen jedoch ist es uns darum zu tun, die*
> *Zusammenkunft von denkenden Zeitgenossen zu för-*
> *dern ...«*

Wie man erfolgreich Themen lanciert, beweist Sloterdijk 1999 mit
seiner berühmt-berüchtigten »Elmauer-Rede« während eines internationalen Symposiums zur Philosophie am Ende des Jahrhunderts,
in der er mit einigen provokanten Äußerungen zum von ihm selbst
kreierten Begriff »Anthropotechnik« im Zusammenhang mit dem
Thema Selektion einige Gemüter erhitzt. Kurz darauf bricht in deutschen Intellektuellenkreisen der sogenannte »Sloterdijk-Streit« aus,

bei dem er zuerst von vielen Feuilletonisten und auch von Philosophen wie Habermas scharf angegriffen, später aber von anderen verteidigt wird (darunter auch von einem der israelischen Mitveranstalter der Tagung). Erstaunlicherweise hielt Sloterdijk die gleiche Rede zu den »Regeln für den Menschenpark« bereits zwei Jahre zuvor in Basel – ohne viel Aufregung auszulösen. Auch in Frankreich wurde die Übersetzung seiner Rede eher positiv aufgenommen. Einige Zeit später hat Sloterdijk in den USA auch auf positive Konsequenzen hingewiesen, die sich aus seinen Thesen zur Eugenik ableiten lassen.

> *»Das Herrische muss tendenziell ganz aufhören, weil es sich als Rohheit unmöglich macht. In der vernetzten inter-intelligent verdichteten Welt haben Herren und Vergewaltiger kaum noch längerfristige Erfolgschancen, während Kooperateure, Föderer und Bereicherer zahlreiche und adäquate Anschlüsse finden.«*

Seiner Karriere hat der Skandal um seine Thesen zum »Menschenpark« offensichtlich geholfen, auch wenn er an anderer Stelle »eingesteht«:

> *»Das ist ja das Problem. Der gegenwärtige Übererfolg hat mich ruiniert. Mit diesem Erfolg kann ich mich zu Lebzeiten als Philosoph in der eigenen Zunft nicht mehr sehen lassen. Ich bin wohl dazu verdammt, posthum glücklich zu werden, und in der Hoffnung zu leben, dass der ernsthafte Teil meines Werkes eine gewisse Lebenserwartung hat.«*

Er gibt aber auch zu, dass das »weltfremde Kontemplieren« nicht seine Sache ist, weil er die Notwendigkeit sieht, sich einzumischen und öffentlich nicht nur Gedanken, sondern Botschaften zu vermitteln. Die Tatsache, dass er mittlerweile beim ZDF, sogar zum »öffentlich-rechtlichen Philosophen« avanciert ist, zeigt, dass sein Ansatz Anklang gefunden hat.

Kynische Methodik im Management

Gefragt, wer für sie derzeitig der größte deutsche Denker sei, soll die Managementberaterin und Germanistin Gertrud Höhler auf Peter Sloterdijk verwiesen haben. In der Tat greift Sloterdijk mit sicherem Gespür solche Themen schon frühzeitig auf, die Gesellschaft, Politik und Wirtschaft bewegen oder zumindest bewegen sollten. Der Schwerpunkt seiner Arbeit liegt dabei in der modernen Umsetzung der Gedanken von Platon, Nietzsche, Spengler und Heidegger.

Interessant für das Management ist aber nicht nur diese Themenwahl, sondern vor allem die Methodik, mit der er diese Themen in die Öffentlichkeit bringt. Witz und Mut zur kontrollierten Provokation sind Instrumente, die auch häufig für die Besetzung und Durchsetzung von Themen in den Unternehmen von Bedeutung sind. Der Erfolgszenit der Leisetreter und des übertriebenen Understatements scheint überschritten, und das sind nicht nur Lektionen externer und interner Marketingfachleute. In den USA weiß man beispielsweise schon lange, dass das Auftreten oft genauso wichtig ist wie die Themen, die man vertritt. Wer in den USA keinen Sinn für Humor hat oder sich nicht mit Elan und Energie präsentieren kann, um dessen Karriereaussichten ist es meist schlecht bestellt. Das Gleiche gilt für den Versuch, das Unternehmen oder seine Produkte aus der Masse abzuheben. Inszenierungen müssen sein, denn in unserer informationsüberfluteten Welt gibt es ohne Aufsehen auch keine Wirkung. Gerade im internationalen Umfeld und in multikulturellen Unternehmen sollten solche, im Sinne Sloterdijks kynische Eigenschaften, zum Repertoire der europäischen Manager gehören. Natürlich ist auch manchmal vornehme Zurückhaltung angebracht. Aber man muss beides können und wissen, wann welche Vorgehensweise gefragt ist. Eines gilt es aber auf jeden Fall – sowohl bei Kunden als auch bei Mitarbeitern – zu vermeiden: und das ist Langeweile. Es gilt, Aufsehen zu erregen und dann eine starke und überzeugende Botschaft zu vermitteln.

>*Die Welt wird gedichtet durch Menschen, die den Nerv zu starken Behauptungen haben.*«

Das war irgendwie schon immer so, und ist heute noch mehr der Fall denn je. Und vom postmodernen Kyniker Peter Sloterdijk kann auch die Führungskraft in dieser Hinsicht einiges an Methodik zur Erarbeitung und Vermittlung schlagkräftiger Botschaften lernen.

DANKSAGUNG

Meiner Frau Yvette Christmas Drosdek danke ich für ihre Unterstützung bei der Hintergrundrecherche. Meinem Lektor Dr. Rainer Linnemann möchte ich zudem insbesondere für seine wertvollen Anregungen und seine geduldige und verständnisvolle Begleitung des Buchprojektes danken.

Im Campus Verlag ist die Reihe *Campus Einführungen* erschienen, die sich in ihren Bänden mit einzelnen Philosophen beschäftigt. Zu nennen sind folgende Werke:

Suhr, Martin: Platon, 2001

Charpa, Ulrich: Aristoteles, 1991

Holz, Hans Heinz: Descartes, 1994

Schulte, Günter: Immanuel Kant, 1994

Alt, Jürgen August: Karl R. Popper, 2001

Nordmann, Ingeborg: Hannah Arendt, 1994

Reese-Schäfer, Walter: Jürgen Habermas, 2001

Ob zur schnellen Orientierung oder anspruchsvollen Beschäftigung: Die *Campus Einführungen* bringen fundiertes Wissen auf anschauliche Weise auf den Punkt.